肖索未　著

欲望与尊严

转型期中国的阶层、性别与亲密关系

Desire and Dignity

CLASS, GENDER AND INTIMACY
IN TRANSITIONAL CHINA

社会科学文献出版社
SOCIAL SCIENCES ACADEMIC PRESS (CHINA)

序

吴小英

肖索未的博士学位论文书稿终于行将付梓了，而这距离当年她在美国完成论文答辩、获得博士学位回国，已经过去了整整九年；距离她在珠三角和长三角地区进行的长达一年多的田野调查，也已过去了十多年之久。其间她几易其稿，几番打磨，也常困窘于无声的发表之碍，然初心不改，可谓十年磨一剑，终于捧出今日之作，着实可喜可贺。从中不仅可以看出作者在研究手法与学术理念上的日臻成熟和独到见解，也不难看出她对于变迁中的中国社会与性别、家庭有了更加深刻的理解和敏锐的洞察。很荣幸能为肖索未的这部著作写序，虽然这非我所长，但作为性别与家庭领域的研究者，我想简单谈一下这本书对另类主题的呈现及其背后的意涵。

"包二奶"或者婚外包养作为一种社会现象，对中国人甚至西方汉学家来说都不陌生，它很容易让人联想到中国传统大家庭的神话以及各类三妻四妾的传说故事，从而被视为父权制家庭的习俗符号与现代翻版之一；而在当代社会中因它常常出没于富人、明星这些非普通阶层的私生活故事里，又使得人们自然而然视之为权力和资源密集化的象征，所不同的只是由传统公开的制度设计变成现代隐秘的市场流行。但将这种以往只能在街谈巷议中隐约出现或者作为文学影视作品戏剧冲突之一虚拟呈现的议题，真正搬到学术研究的现实公共舞台，至今仍是讳莫如深的事，因为它在具有天然的八卦性和隐私性的同时，也与道德、欲望、权力、面子等严肃的命题息息相关。这一点从作者在田野调查中寻访被访者的艰难，到十年来发表相关学术成果时频频遭遇的闪烁其词，就可以看出究竟。从这个意义上说，本书最终得以出版，无论对于作者还是出版社来说，都是一件值得祝贺与庆幸的事。

打破包养关系"钱色交易"的解释套路

如前所述，这个看似古老的议题研究很容易落入一种"新瓶装旧酒"的游戏。事实上主流文化，尤其是媒体和网络中，披露的对于婚外包养的认知和舆论评判，大多停留于"钱色交易"的层次，即简单化地将包养理解为有钱男性打包购买年轻女性长期性服务的一种方式，强调的是男女当事者之间基于经济利益和身体资源的一种跨阶层交换逻辑。因而对被包养者处境的想象，跳不出两种类型：一种是消费主义和享乐主义类型，类似书中的广州本地姑娘 Lucy 的故事，通过这种以身相许的方式换取超越本阶层的时尚生活，以此维系一定的社会位置并获得虚荣的满足；另一种是身处绝境的打工妹受害者类型，类似书中的外地打工妹阿英的故事，由于在城市底层遭遇的不利生存处境或者不友好的制度环境而选择进入包养关系。而关于包养者的想象，不外乎将年轻漂亮女人作为自己身份与地位的象征或者成功的标配，以此获得在男人世界中炫耀的资本，因而大众文化对于包养关系的想象甚至常常流于"老牛吃嫩草"的画面，早期港台商人在内地的"包二奶"故事也多半迎合了这样的叙事。

本书的精彩之处，首先就在于打破了这样一种单一预设。书中所讲述的"二奶"故事无论从年龄、阶层、情感类型、关系模式等方面都大大超越了主流的想象，给我们呈现了更加丰富、立体并源于日常生活逻辑的画面。在人们熟知的那类典型的包养模式中，包养双方更像是一种相对长期、稳定的类情人关系，彼此年龄悬殊、阶层分明、分工明确，"二奶"在其中扮演着身体管理和亲密互动的角色，并满足对方在社交场合中的男性气质塑造。但如作者所言，当你发现在城中村还有许多住在没有空调的破房子里、长着冻疮给男人洗衣服的"二奶"时，或许你会瞬间有"三观"被颠覆的感觉——这些以外来打工妹为主的"二奶"选择这种不时得东躲西藏、老是担心"今天不知明天事"的半地下生活，究竟图的是什么？在这种"非典型"的包养模式中，包养者有得意的小老板，也有失意的工薪阶层男性，甚至不乏漂泊无定的打工者。肖索未惊讶地发现，这里呈现的恰恰是中国家庭"正常"夫妻间常见的那种男外女内、夫唱妇随、两情相悦搭帮过日子的画风，"二奶"在其中扮演着贤妻良母的角色，并通过这种关系得到情感的满足或婚姻的替代感。这种模式似乎更接近于后来媒体解读的所谓中下阶层的"临时夫妻"或者底层农民工的"临时家庭"。

无论界定为包养关系还是临时家庭，这些故事提示我们，除了归因于社会变迁造成的结构性问题给不同人带来的不同境遇之外，还需要进一步检讨这个时代的婚姻本身到底出了什么问题。

或者说，市场化以来除了女人的物化和男人的购买之外，性别关系所呈现出的这些丰富多彩的样态，是否表明家庭和亲密关系的模式也在某种程度上被重新改写或拓展？由于道德和法律上的不正当性，婚外包养一向被视为不能见光的非正常生活，"二奶"长期以来被视为家庭秩序和规范的破坏者而为主流社会所不齿，属于被污名化的异类人群，不仅在包养关系中常常处于弱势一方，而且在公众舆论或者研究视野中也始终以一个暧昧而缺席的整体出现。作为包养关系的当事者一方，"二奶"甚至从未成为引人关注的研究对象，而是被掩盖在人们对现代婚姻和家庭的脆弱性的唏嘘和骂名之下，没有机会发出自己的声音。肖索未的研究试图突破这样一种道德化的戒律和刻板的工具性解释套路，将受访者置于特定的社会情境下，"考察交织着利益、情感和伦理的个体行为的复杂性及其与社会结构文化之间的勾连"。她认为，从主流标准看来不道德的行为，其背后依旧包含着自身的一套伦理逻辑以及符合具体社会情境的伦理判断。

在亲密关系的另类实验中挖掘家庭的真义

本书通过不同类型的"二奶"故事的讲述，呈现了她们如何在婚外包养这种另类的亲密关系实践中完成了自己的伦理建构。有趣的是，一心想要打破传统解释套路的作者，最后发现结果呈现的却是另一种套路：肖索未在书中称之为一种"类家庭"的特质。也就是说，这些被认为"另类"的亲密关系无论动机、过程或类型多么不同，却丝毫看不出有什么超出所谓"正常"家庭亲密关系的特别之处。相反，作者发现它们恰恰高度遵循着主流婚恋文化的性别逻辑：例如，男的通常承担挣面包者角色，女的则担负照料者角色；男性的经济供给被建构为一种爱的表达和责任担当，而女性在关系中则更被强调和要求"性忠贞"；等等。因此可以说，这些被归入婚外包养的关系模式，由于缺乏合法的制度性保护，恰好提供了观察和检验作为理想家庭模式的纯粹亲密关系的一个另类实验室。

自20世纪80年代以来，或者可以推到更早的阶段，全球范围内有关家庭的脆弱性或者危机的讨论就不绝于耳。有人归之于科技的进步和网络信息时代的变革，有人归之于第二次人口转换带来的对传统家庭价值观的冲击，也有人归之于女权主义的兴起和福利制度的可持续性危机。不管怎样，21世纪以来，风险社会带给现代人的不确定性和不安全感与日俱增，并日益渗透在人们对于家庭这一古老制度左顾右盼的纠结态度中。尤其对于处在所谓"压缩的现代性"中的东亚社会来说，一方面在老龄化和少子化的不可逆转的趋势下家庭已经变得分崩离析，另一方面国家与个体对于家庭的依赖感似乎有增无减。在这种状态下，关于现代核心家庭的神话在应对变动的社会方面似乎显得力不从心，而游离于家庭与社会之间的个体空举着自主的旗号，却面临着不知将自己安顿于何处的无家可归感。近十年来国内家庭研究就是在这种背景下大热的，家庭问题甚至时常登上主流公共话题的头条或者动辄成为决策者工具篮里一个重新被激活或启用的道具。然而现有的家庭研究显然已经有点追不上变幻莫测、丰富多元的家庭实践形态，家庭的功能、模式、关系到底发生了何种意义上的变迁，家庭对于一个处在转型社会风险中的中国人来说究竟意味着什么？当学者们还在为中国社会是否可以判定为一个个体化社会、中国城乡是否已经出现个体化家庭而争论不休时，各种各样的家庭或者类家庭的形式已在社会各个角落悄然生长，而肖索未关于时下"包二奶"现象呈现出的高度"去家庭化"特征和个体欲望导向，已从"另类"关系情境的角度给出了一种答案。它不仅丰富了人们对亲密关系的理解和想象，也为进一步反思和挖掘家庭的真义提供了新的路径和启示。其中最经典的问题，就是家庭和婚姻中的工具性与情感性关系的讨论。

家庭问题的复杂性，可能就在于它从来不仅是纯粹的私人亲密关系模式，而且本身也是道德、宗教、文化、权力等的载体。因而家庭的政治性也正体现在它是饱含价值取向的，例如，中产阶级式的、基于个体主义的浪漫爱情为基础的核心家庭理念成为主流的家庭意识形态，个体情感被置于几乎正义的位置，而工具性的交换逻辑被视为婚姻神圣性的捣乱分子，这也是商业化的性或者去情感化的婚姻交换具有天然不正义的原因，以至于作者在田野调查中发现，浪漫爱情或者情感话语在包养关系中甚至比在合法家庭的夫妻之间更占有核心位置。同时几乎所有受访者都避开了"二奶"这个称呼，并努力澄清自己跟"小姐"之间的区别，通过强调自己进入包养关系的情感性与"真心"来完成"去污名化"的过程。然而本书另一处特别精彩的地方，正在于作者并没有将二者简单地对立起来，而是通过细致的田野观察和深入的民族志研究，指出婚外包养中包含了工具化和情感化两条并行不悖的逻辑线索，揭示出工具性与情感性以及彼此之间的交叉与平衡对于稳定的包养关系所起到的重要的机制作用。肖索未引进了泽利泽的"关系管理"概念作为框架，考察这种亲密关系实践中人们如何在金钱与情感、欲望与责任之间协商并划定自己的关系边界和关系逻辑。这个框架同样适用于主流所谓"正常"家庭内部的亲密关系梳理，它模糊了"另类"与"正常"之间的界限，引发人们重新思考婚姻制度与亲密关系在当代社会的意义和困境。

穿越于日常和专业之间的故事叙述方式

除了"另类"的议题和"非典型"的解释套路给家庭研究带来的启发之外，本书在研究方法以及故事叙述的逻辑上也进行了新的尝试。走进"二奶"这个对普通人来说陌生而又神秘的群体的日常生活世界，不仅需要在研究方法和田野资料的收集手段上颇费心思，同时也面临着研究伦理上的挑战。在既有的伦理框架下，"二奶"们与其他包括研究者在内的拥有所谓"正常"生活的人们之间被划分成"他们"和"我们"两个不同的世界。然而也正是在这一点上，肖索未找到了自己进入田野的突破口。她没有像一般调查记者那样采用"卧底"的方式接近被研究对象，而是向对方明示自己的研究者身份，并努力打破"他们"和"我们"之间的既有界限，让自己从身处其中的"局外人"变成某种程度上身处其外的"内部人"。她借助熟人中介的牵线与被访者所在的圈子"混"在一起，利用与"二奶"们同属一个年龄段的优势与她们打成一片，积累了难得的信任，形成了女孩间独有的沟通方式。由此获得的参与观察和感受体验，成为本研究除访谈之外最重要的资料来源，实际上也是帮助理解被访者的叙事逻辑或者叙事背后真实意图的一个最好的途径。

与此同时，肖索未尽力对整个研究过程以及与被研究对象之间的关系采取一种自省的态度，例如检讨自己对于研究对象的"自我悬置"以及"道德疏离"，反省自身的价值观念如何影响了对不同境况的"二奶"的分类、分析与评判，以及追溯这些结果中所暗含的各种成见的来源，等等。这些反省将研究者不断带回到被研究者的生活世界，从而更可能从被访者的境遇出发发出他们自己的声音，这就是女性主义方法论中反复强调的反身性原则，同时也代表了一种希望打破研究者与被研究者之间的控制或等级关系的研究伦理。在这种反身性框架下，作为被访者的"二奶"们走出了人们给她们划定的网格，从"他们"的世界走到"我们"的世界，成为我们身边一个个在变迁社会中寻找自我发展空间和安逸生活的普通姑娘，与那些在公司打拼的城市白领或者在地下室蜗居的"北漂"大学生并无二致。

在田野资料的处理方面，与社会学中一般的质性研究深描不同，作者没有用引号和编码将访谈对话的文本与研究者的叙述分割开，或者让被访者的声音嵌入在研究者设定的整体结构中，时不时以佐证者的面貌露个头；同时也跟人类学民族志中常见的资料铺陈方式不同，并非让故事本身自主地向前流淌，研究者只是躲在故事深处静观的内部人。对于作者来说，前者过于强调研究者的"自我悬置"，那种结构清晰的"论点主导、材料佐证"的写法有可能把研究对象"扁平化"；而后者往往又可能让研究者深陷被访者的世界中，导致被故事材料牵着走，难以形成对于研究对象和问题的整体把握和独立判断。因此女性主义强调好的研究就要让研究者成为"身处其中的局外人"（outsider within），并让自己随时穿越在日常化与专业化之间，这种分寸和定位并不容易拿捏，但是可以通过独特的故事叙述方式来实现。

肖索未在田野调查中收集的这些故事可谓精彩纷呈，"二奶"们在不同的讲述中呈现的爱与满足、欲望与挣扎、焦灼与麻木、得意与无奈等各种情绪，个个都可以成为流行电视剧的脚本。然而如何将这些故事串联起来，呈现出一套别有特色的完整叙述，并非易事。作者从伯克利读博期间的导师之一、写出脍炙人口的学术畅销书《第二班》(*The Second Shift*，1989）的阿莉·霍克希尔德（Arlie Hochschild）教授那里得到启发，即不明白告知研究者的发现，而是让读者自己从故事中去体会。因而故事不仅仅是材料本身，也成为呈现作者观点的主角，这样也可以避免出现研究者对田野故事"用力过猛"而过度解读的问题。于是我们看到田野中被访者的许多"金句"，成了本书一些重要章节的标题，比如"一半被钱感动，一半被人感动"、"今天不知明天事"、"借人家的老公用一下"、"女人嘛，总是要找个对自己好的"等。这些说法如同穿着彩色外衣的导游，引领着读者步入曲径通幽的"二奶"故事景区。与此同时，你也会发现，通往景区的路也就那么几条，尽管沿路景色奇特、不乏美丽和感动，但有时容易迷路，因为出口只能靠自己去寻找。也就是说，这类以故事为主角的学术著作虽然极具可读性和开放性，却对故事的讲述者和倾听者都提出了很高的要求，或者说，它是故事讲述者寻找同道倾听者的一种方式。

结合社会学界近些年来有关量化与质性研究方法一波未平、一波又起的不间断争论，可以发现圈内似乎从未摆脱关于本土社会研究的方法论焦虑。如今，一方面大数据的冲击波让许多量化爱好者找到了新的兴奋点；另一方面口述史、田野民族志等人类学和文化、历史研究方法的植入也助力质性研究拓展了新的说服技巧。学界从大结构、大事件、大人物转向小人物、小情境和日常生活的研究，似乎成为一种新的趋势，讲故事就是在这样的背景下流行起来的，尤其对于各种少数人群的"另类"生活或者与私领域相关的研究，往往更青睐讲故事的方法，只是苦于每每在效度上遭到质疑，好听、动人却不易说服人。当故事成为一本学术专著的主角，研究者本身就退居被研究者和故事的身后，这中间的关系该如何定位和厘清？还有，由于故事本身散落在每个不同被访者千差万别的生活情境中，是否会因此导致以故事叙述为主体的著作书写的碎片化和无序化？本书的故事叙述并非以被访者的口吻进行，而是以研究者为第一人称、被访者为第三人称的写法，因此作者穿梭于日常与专业两个世界的话语之间，这样一种处理方式既有助于读者解读被访者的故事并理解作者的意图，也给作者自身关于故事叙述和文本写作的随时反思提供了可能。本书的故事讲述方式并不见得完美无瑕，然而作者这种"非主流"的尝试，相信对于社会学中正在兴起的日常生活研究，是个方法论上的有益探索。

本书的缺憾之一是作为当事者的男性受访者不多，他们的田野缺席多少减弱了研究中故事的相互印证和观点的多视角分析的力度。这或许可以归于对于男性包养者来说，面对一个年轻的女性访问者，想要打开这个常被认为"可做不可说"的话题侃侃而谈有多尴尬；或许也可以说明，亲密关系在男性受访者的世界中本就被视为远不及在女性的世界中那么重要或值得言说。正因如此，本书以"二奶"为主体讲述的故事和她们发出的另类声音，在某种程度上体现了一种"再现的政治"的意涵。全书虽然从头到尾未出现"女性主义"这个词，但从作者贯穿始终对研究过程的伦理关怀、对研究者自身的反思精神和对研究情境性的强调，都体现了女性主义方法论本身的价值追求。

当我在写这篇序的时候，日本导演是枝裕和的电影《小偷家族》正在中国各大影院火爆上映。影片讲述了日本底层社会几个没有血缘关系的人阴差阳错组成的一个家庭以偷盗为生并且彼此扶持呵护、共同躲避主流社会追逃的温情而又不乏纠结的故事。

导演试图通过"去血缘关系"这个隐秘的控制条件，探讨并重新界定在变革的时代里家庭与家人的含义和界限，以及这种共同体和情感关系的生成对既有的家庭和社会规范引发的思考。本书所讲述的"包二奶"故事也是主流社会和文化眼里的"越轨"行为，作者以文字而非影像的方式表达了对转型时代私人生活的处境和多元选择以及相关联的道德震荡的类似关切，只不过其重点更多放在两性之间的亲密关系这个维度上，因而更具有从不同面向揭开家庭这个千百年来温情脉脉的面纱、探索其背后蠢蠢欲动的性别关系复杂世界的意义。相信这本姗姗来迟的著作带给读者的绝不仅仅是好看或猎奇的故事，而且是一场跟随讲述者一起探寻关于家庭为何、家庭中的个人为何的愉快的智力旅行。

吴小英

2018 年 8 月于北京

目 录

导　论

　　2006 年 9 月，我刚从国内结束婚外包养的调查回到加州湾区，被天涯论坛上一则热帖吸引。一个月前有人发帖提到了被称为"全球华人包二奶第一案"的纪然冰案，引发网友热烈讨论。

　　1993 年 8 月 18 日，台湾富商彭增吉从大陆转道香港到美国洛杉矶，探望来自青岛的情人纪然冰和五个月大的私生子纪启威。彭增吉到达纪然冰住处后，发现公寓大门紧锁。他在门口徘徊八小时后，于晚上十一点推门入内，发现纪然冰倒在血泊之中，纪启威则被闷死在婴儿床上。

　　警方调查发现，纪然冰手臂上有一咬痕，上面残留的唾液与彭增吉的台湾发妻林黎云的 DNA 完全吻合，而案发时林黎云正在美国，住在离纪宅仅三英里的家中。警方于 1994 年 1 月 8 日将林黎云逮捕。在逮捕时，彭增吉夫妇用中文进行了一段十分钟的对话，林黎云承认到过纪然冰住处，并曾与纪然冰发生肢体冲突。对话被警方暗藏的录音机录下，成为起诉林黎云的重要证据。

　　经过长时间的听证和审理以及一审流审，加州 Santa Anna 高等法院于 1996 年判决，林黎云犯有一级谋杀纪启威和二级谋杀纪然冰的罪行，终身监禁并不得保释。林黎云不服判决，提出上诉。上诉法院于 1999 年裁定警方在侦办此案中存在违宪取证，彭增吉与林黎云的对话录音不得作为呈堂证据，二审结果被撤销。在 2001 年的三审中，辩方聘请的刑事检测专家李昌钰依据现场警方报告和证据，认为现场还有第三者作案，把凶嫌指向男性，而辩方律师则认定凶手是彭增吉，因怕与纪然冰继续交往影响自己在大陆的事业而下此毒手。三个月的激烈舌战，陪审团无法达成一致意见，案件再次流审。最终，检辩双方达成协议，林黎云接受检方提出的认罪条件，承认对纪然冰和纪启威犯下了两项气愤杀人罪，获刑十一年。由于林黎云已服刑七年半，在狱中表现良好，刑期减免三分之一，当时刑期已满，由移民局强制递解出境，在狱中办完手续后离开美国，返回台湾。[①]

这并不是我第一次听闻纪然冰案。几年前，我就从在加州华人报纸当记者的朋友那里听说过纪然冰案，因为案情扑朔迷离、过程曲折反转，又涉及海峡两岸，当时在美国（尤其是南加州）的华人社群里引发了极大关注和争议。一派谴责纪然冰贪图钱财，勾引彭增吉，道德败坏，林黎云为保护家庭而除害，其情可怜。一些来自台湾的太太甚至自发组成"后援会"，到法庭举牌支持林黎云。另一派则认为纪然冰与彭增吉两相情愿，即便有错，罪不至死。一些来自大陆的华人则担心道德绑架影响司法公正，也结社发文，竭力呼吁"要严惩杀人凶手"。

---

① 关于纪然冰命案的详情，可参阅吴琦幸《纪然冰命案二十年》，世界图书出版公司，2013。

在案件发生的 1990 年代初，正值大陆改革开放，招商引资发展经济的高峰，数以万计的港商和台商告别妻儿，只身来到大陆经商建厂。也正是在这群人中，最早曝出了"包二奶"的现象。一些港商和台商，与大陆女性发展情人关系，甚至组建另外一个家。这引起媒体，尤其是港台媒体的关注。之后，出现在媒体报道中的"包二奶"的男人从老板、有钱人，拓展到了在大陆工作的普通白领甚至工人阶层（涂俏，2004；Tam，1996，2001，2005；Shen，2005）。

根据香港社工界和法律界的专家估算，截至 1995 年，约有300000 名香港男性已在大陆的不同地区组建了另一个家，主要集中在珠三角地区以及上海和北京等大城市（Tam，1996）。关注香港男人包养问题的人类学家谭少薇也曾估算，到 1990 年末，每六个在大陆工作的香港男人中，就有一个在大陆有情妇或二奶（Tam，2001）。2009 年 6 月 28 日，香港前保良局总理林依丽在港发起了一场反"包二奶"大游行。尽管游行当日突降暴雨，仍有 60 多位原配妻子拉起写着"一夫一妻制名存实亡"、"包二奶是社会问题，政府不能忽视"的横幅，从香港中环遮打花园一路呐喊前行至特首办公室。①

时隔十几年，纪然冰案再上天涯。原帖发表一个月间，已有了 400 多楼的跟帖，之后几年也持续有人回复，一直到书稿修订的 2016 年底，跟帖数量已达 2500 多条。② 这次参与争论的主角

---

① 甄静慧:《香港特色，"二奶"的天空》,《南风窗》2009 年第 16 期，http://www.nfcmag.com/article/1586.html。

② 关于"纪然冰命案"的天涯论坛讨论，参见 http://bbs.tianya.cn/post-funinfo-229696-1.shtml。

是远隔重洋的大陆网友们，与加州的华人社群多少夹杂着政治身份的讨论不同，他们更聚焦于案件中的"是非对错"。

在发帖数上占绝对优势的是"道德派"：是二奶就该死，破坏别人家庭，纪然冰罪有应得，死有余辜；也有帖子认为包二奶的男人更可恶，是罪魁祸首，彭增吉更该死。这其中谁是始作俑者，谁先追的谁，成为道德审判和问责的重点，是网友们热议和考据的关键细节。

与"道德派"紧密相关的是"利益论"，纪然冰之所以可恶，不仅在于她破坏了别人的家庭，而且因为她看重的是男人的钱，还要通过生孩子来争夺财产。这也成为纪然冰案件中一部分人理解和同情林黎云的重要原因——抢我男人是可忍，抢我孩子的财产孰不可忍。

与之针锋相对的是"感情说"。有一些跟帖则举证纪然冰跟彭增吉是有感情的，并不是为了钱，真爱无罪，死得可怜。甚至一部分网友还质问，既然丈夫已经移情别恋，原配林黎云为何不选择离婚，而采取这样残暴的手段报复。在"道德派"、"利益论"和"感情说"的强大声势下，零星散落着一部分主张"法律理性"的帖子，指出二奶有错，但错不致死，而原配谋杀实乃罪大恶极。

纪然冰案的天涯大讨论，不仅仅是因为这是一起场面惨烈、案情曲折的"双尸"案，而且因为它点燃了某种社会情绪，触痛着人们内心敏感的神经——婚外情的诱惑与威胁，婚姻四面楚歌。

在21世纪的中国大陆，"包二奶"不仅成为人们茶余饭后的八卦谈资，也成为官方和法律无法回避的公共议题。2003年商务印书馆出版的《新华新词语词典》新收录了"包二奶"和"包养"两个词条。其中，"包养"的定义比较具体：把生活资料或生活费用等全部承担下来，特指为婚外异性（多为女性）提供房屋、金钱等，并与之长期保持性关系[①]；而"包二奶"则是其派生概念，指"在外包养情妇"[②]。在2001年《中华人民共和国婚姻法》修改之前，法律界、学术界和社会公众展开了一场大规模的讨论，核心议题包括是否应该将禁止"包二奶"明确写入婚姻法以及如何惩治婚外性关系，尤其是如何扼制富人包养二奶的现象，不少人呼吁严惩"第三者"或者将婚外性关系明确定罪。很大程度上由于难以用清晰的法律术语界定"包二奶"，最后修订完成的《婚姻法》采取了折中路线，将"禁止有配偶者与他人同居"明确写入法律条文。此外，《中华人民共和国婚姻法（2001修正）》第四十六条规定，有配偶者与他人同居而导致离婚的，无过错方有权请求损害赔偿。

尤其引人关注的是官员的包养行为，通常与腐败联系在一起。"被查处的贪官中95%有情妇"、"腐败的领导干部中60%以上与包二奶有关"等说法在媒体上吵得沸沸扬扬，情妇举报官员的新闻屡见不鲜，民间甚至开始流传"反腐靠二奶"之类的顺口溜。2004年修订颁布的《中国共产党纪律处分条例》也加强了对党员私生活的要求，新增加的第一百五十条明确规定：重婚或者包养情妇（夫）的，给予开除党籍处分。

然而，天涯大讨论也折射出人们对于包养关系的一种复杂的甚至有点暧昧的态度。从正统婚姻道德角度来说，婚外情就是错

① 《新华新词语词典》，商务印书馆，2003，第9页。
② 《新华新词语词典》，商务印书馆，2003，第10页。

误的，违背了婚姻忠贞的基本原则；而如果婚外情关系又涉及经济利益，比如包养关系中一方对另一方的经济供养，就变得罪加一等，因其不仅违背情感和性的道德，而且在经济上损害家庭的整体利益。也正因存在经济关系，婚外包养通常容易被视为"钱色交易"，从而构成对经济依附者的人格贬损。但是，如果当事人之间有感情呢，似乎又有商榷的余地，甚至有"真爱至上"之说使之免于人格的贬低，并能够减轻来自主流道德的谴责。包养关系中的双方是否真爱也许外人无从得知，但围绕着包养关系所展开的（个体的）情感、性、金钱、欲望与家庭利益和责任之间的道德纷争则耐人寻味，这也将是本书展开探讨的一个重点。

研究视野里的"婚外包养"

与沸沸扬扬的媒体报道和网络讨论不同，对婚外包养的学术研究寥寥无几。研究者主要来自港台地区，侧重关注两个迁移群体，即从台湾和香港来大陆的有钱男性和从大陆农村进城务工的打工妹。比如，Graeme Lang 和 Josephine Smart（2002）从人口学和经济学的角度出发解释婚外包养现象出现的原因。他们指出，人口流动为在经济上占有优势的男性和寻求向上流动机会的农村女性提供了相遇的机会。对来到大陆的香港男人而言，他们背井离乡，无法从妻子那里获得各种家庭照料及性需求的满足，因此选择在大陆包养二奶以便获得这些服务。对于进城务工的农村女性而言，她们在城市中缺乏机会，从而将婚姻视为获得较好生活的跳板，但由于许多中国城市男性并不想迎娶农村女性，她们因此选择成为逗留在大陆的香港男人的二奶。

沈秀华和谭少薇对这一简单化的论述提出了质疑，认为不能忽视这背后的社会文化因素。沈秀华通过研究台商同大陆女性的外遇案例后指出：在日常话语中，台湾和大陆女性被赋予了截然不同且相互冲突的女性特质，台湾妻子被归类为"发妻"（first wives)，承担着一名主妇和家庭的主要照看者的传统责任；相反，中国大陆女性则被归类为"情妇"（mistresses)，被斥为是台湾家庭的破坏者；"情妇"一词也暗示出，这些女性对于男性只具有性和娱乐的功能。这种文化设定进而促成了某种"跨越台湾海峡的家庭劳动的国际分工"（Shen，2005）。

谭少薇对香港男人在中国大陆的婚外包养行为的研究也指出，媒体、社工和原配妻子在自身话语中将"我们（香港女人）"和"她们（大陆女人）"对立起来的现象其实是将男性包养描述为一场不同女性群体间的战争，它免除了男性外遇的责任，同时使他们的通奸行为正当化（Tam，2005）。谭少薇对1990年代的香港媒体话语进行深入分析后，尖锐地指出媒体对香港男人同大陆女人的外遇事件进行高调的报道，这些报道往往暗中指责原配妻子们无法保持对丈夫的吸引力，并大肆宣扬这样一种论调，即男人天生就是花心的（Tam，1996）。

这些研究为理解婚外包养现象提供了重要洞见，比如婚外包养现象与人口迁移、社会阶层之间的交织关系，以及亲密关系背后的性别结构和文化机制。然而，这些研究往往忽略了包养关系的内部差异。研究者主要关注港台男人在大陆的包养情况，并未将笔触伸向大陆人。他们重点关注了跨国商业精英男性的包养行为，而较少讨论劳工阶层男性的包养现象。更为关键的是，很大程度上由于研究者主要来自港台，其身份的特殊性阻碍了他们对那些成为"二奶"的大陆女性的研究，我们在这些研究中听不到包养关系的另一方——"二奶"的声音。① 因而，在这些研究中，对婚外包养关系的理解往往隐含着"钱色交易"的预设，即男人包养二奶，是为了性和情欲，而女人则主要是为了获得经济来源或向上流动的机会。

国内学者对婚外包养现象的研究更为零星，也倾向于将婚外包养等同于"钱色交易"。潘绥铭在 1990 年代后期对于国内的"性产业"的研究中记录了少量的"包二奶"的案例。他认为"包二奶"属于广义的男性购买性服务行为……是以"包娼"为基础的、模仿纳妾的、新的购买性服务的形式，"双方结成了一种共同生活的、相对长期的关系"，虽然不排除而且往往寻求双方共同生活，但是"仍然以性交为目标和首要目标"（潘绥铭，1999：183～184）。潘绥铭从性产业入手讨论婚外包养，接触的案例也基本都是小姐变为"二奶"的案例，不难理解他把"包养"直接归为性产业的一种。但这也让人疑惑：如果包养只是一种长期的"钱色交易"，那么人们为何不进入其他的交易形式，偏偏选择这一种呢？在我的研究中，不少受访女性没有从事性产业的经历，而且坚决把自己和"小姐"区分开来，用她们的话说"不卖"，"不是什么人都可以的"。也有男人表示自己不愿养"二奶"，找个情人倒是可以，他笑言："一个老婆管着就已经够烦的了，还要个二奶?!"那么，做"小姐"和当"二奶"、找"情人"和包"二奶"到底有什么不同？仅仅是经济和利益考量吗？还是背后有复杂而微妙、富含伦理判断的亲密关系逻辑？

回答这些问题需要我们对更多样的婚外包养案例进行研究，细致考察包养关系中主体的经验和视角，他们进入特定亲密关系的轨

---

① 比如，我曾与台湾学者沈秀华交流研究心得。她坦言，由于年龄和是台湾人的关系，她容易被视为和"原配妻子"是一伙的，因此不容易得到大陆年轻女性的信任。

迹以及对自己行为的理解。本书将突破利益交换的工具性解释框架，而将受访者置于他们特定的社会情境下，考察交织着利益、情感和伦理的个体行为的复杂性及其与社会结构文化之间的勾连。本书试图呈现的恰恰是，在包养这样从主流标准看来"不道德"的行为背后，依旧包含当事人的伦理判断，而这些伦理判断既生成于当下社会的道德文化提供的可能性，也受制于他们所处的具体社会情境。为了更好地说明这一点，我将引入道德人类学的新近讨论。

道德人类学的伦理转向

近二十年来，人类学家开始有意识地进行道德研究，一个重要的原因在于社会理论欠缺对道德维度的关注，从而限于某种"工具主义"的窠臼。道德被权力、品味、声望、竞争等内容所遮蔽，具有丰富道德内涵的实践沦为了某种工具主义。正如Michael Lambek 指出的，由于缺乏对道德的系统研究，导致"社会理论几乎只是从权力、规范、利益、欲望等因素来讨论推动行动发生的力量或动机"，社会行动"在这种解释里变得要么是过于机械、要么是工于心计，要么是太过自觉、要么是纯粹功利，但从来不是严肃的、复杂的、明智审慎的、热情激昂的，甚至是没有矛盾的"（Lambek，2010b：40，转引自李荣荣，2017）。不同于将道德宽泛地视为"社会认可的习俗的方便称谓"（Benedict，1934），亦不满足依循涂尔干传统将道德讨论局限于社会性或集体性的规范与义务（涂尔干，2002），新近研究从社会行动出发对道德进行研究和讨论，将关注点投向日常伦理以及道德主体的反思与判断，即道德人类学的"伦理转向"（李荣荣，2017）。

道德人类学的伦理转向受到福柯的深远影响。福柯将广义的道德领域分为道德准则与伦理体系。前者是指施加于人们身上并决定行为是被允许还是被禁止、是被赋予积极价值还是消极价值的道德准则或法规，而伦理则指向"你与你自身应该有的那种关系"，"决定了个人应该如何把自己构建成为自身行动的道德主体"（Foucault，2000：263）。福柯认为，在道德准则给定的情况下，对于一种确定的行为类型而言还存在着不同的为人行事的方式，这与伦理所涵盖的四个主要方面相关，即：自我或自我行为的哪个方面与道德行为相关？引导人们承认其道德义务的方式是什么？人们改变塑造自我的各种"道德努力"是什么？成为道德主体的目的是什么？（福柯，2002：140~145）。福柯指出，对伦理的认识必须考虑到它是"有意识的自由实践"或"自由采取的深思熟虑的形式"（Foucault，2000：284）。单纯遵循规范并不能保证个体成为道德主体，而将自身对象化的思考是至关重要的。思考是"接受或拒绝规则的基础，它确立了与自我、与他人的关系，并将人类塑造为知情主体、裁决主体以及伦理主体"（Foucault，2000：200）。

哲学家 Bernard Williams 对道德和伦理的区分也对道德人类学产生了重要影响。他指出，相对于围绕着义务而展开的道德体系，伦理蕴含更丰富的内容，关乎"某种生活方式"而非"现在或接下来我应该做什么"的具体问题；伦理回答的是前者难以回答的"一个人应该如何生活"的苏格拉底问题（Williams，1986）①。Webb Keane 进一步阐释，指出虽然道德与伦理都涉及个人对他人

---

① 哲学家 Bernard Williams 在 *Ethics and the Limits of Philosophy* 一书中从词源及词义发展出发，对道德和伦理概念进行了梳理。他认为"最初这两个词的区分是拉丁语与希腊语之别，每个词都与性情或习俗相关。差异之一在于，道德所源起的拉丁语更多强调社会期待的意思，而伦理所源起的希腊语更多关注个体性格。不过，道德这个概念如今有了更独特的含义，……它强调特定的伦理概念，发展成为关于义务的特别概念，并有某些独特预设"（Williams，1986：7）。

的义务，以及个人应该如何对待他人，但二者在如何描述社会关系上存在差异。道德义务是某种可以自己一个人沉思的事物，与之相反，伦理生活在很大程度上是与他人一起度过的；这是一种在长时段内随情景变化而展开的生活，而不仅仅是某个转瞬即逝的事件。总之，道德围绕着义务而展开，而伦理则关乎整体生活，二者的区分凸显了伦理的社会性（Keane，2016）。

从研究路径和方法而言，伦理转向体现为研究焦点从集体转向个体、从社会转向经验（Fassin，2014）。道德不再单纯作为社会强加于个体身上的规范与义务，而是包含着作为道德主体的个体有意识的思考、选择或判断。研究侧重于通过对日常行动的理解来跳出规范或义务的解释框架，关注在具体的社会关系和社会情境中个体的行动和实践，承认伦理的冲突性与复杂性、互动性与整体生活关照（Laidlaw，1995，Lambek，2010a）。比如，Michael Lambek 对日常伦理研究进行了深入的阐释。Lambek 强调亚里士多德以行动为中心的伦理学，以判断为起点，在实践领域讨论日常伦理，承认并揭示人的行动与意图的复杂性甚至不连贯性。他指出，首先，伦理——简单而言即人们对是非善恶的判断和思考——是人的境况的一部分，内在于人的言行之中；其次，"日常"意味着伦理相对说来是心照不宣的，植根于默契而非规则、实践而非知识，人们践行伦理，但往往不会刻意关注它；最后，强调人的有限性，关注日常生活中那些不确定的、不一致的甚至痛苦的、难以言说的、难以原谅的种种经验。[①] 总

[①] Lambek 指出，研究者在田野中普遍发现人们努力做他们认为对的（right）或是善的（good）事情，被他人评判，或者参与什么是善行的争论，而这正是人类生活中不可化约的伦理维度。人们不可避免地受到伦理的约束，其言行都会有伦理后果，评价自己和他人的行为，接受或者拒绝他人的评价，关心他人和接受他人的关心，与此同时也察觉到自己并不能一以贯之（Lambek，2010a：1）。

之，日常伦理研究不是去发现或客体化某种特定美德，而是观察行进中的实践及其地方性解释（Lambek，2010a，转引自李荣荣，2017：29~30）。

亲密关系与伦理实践

就本书关注的婚外包养关系而言，我将聚焦以下两个方面的讨论。

（一）亲密关系的伦理维度

正如道德人类学所批评的，现有社会理论对人类行为的解释往往陷入机械化或工具化的倾向。这种工具化的倾向在对婚外包养的解释里尤其明显，公共认知乃至大部分的研究往往难以跳脱"钱色交易"或"权色交易"的基本预设。本书将努力跳脱这种简单化的理解，通过考察人们进入、维系（乃至在一些案例中中止）包养关系的过程以及他们的解释，剖析个体行为中利益、情感、伦理的纠葛，以及"做有利的事情"、"做想做的事情"和"做对的事情"之间的复杂关系。

深入思考亲密关系的逻辑，需要突破一些固化的文化认知，更多地从社会实践的角度出发去探讨。在这一点上，社会学家Vivianna Zelizer关于亲密关系的论述具有直接的借鉴意义。Zelizer提出"关联的生活"（connected life）的视角，以纠正西方社会科学中普遍的将金钱与亲密关系对立的分析思路。她指出，各种亲密的社会关系常常是与金钱交换共存的，比如父母出钱让保姆照看他们的孩子，父母给孩子零用钱、资助孩子上大学，结婚时朋友和亲戚给礼金，移居外地或国外的人给家里人汇钱（Zelizer，

2007）。在《亲密关系的购买》(*The Purchase of Intimacy*，2007)一书中，Zelizer 指出，人与人之间的社会关系多种多样，每一种都具有独特的意义、权利、责任等，人们会努力进行区分和界定，避免混淆。比如，订婚不同于恋爱，恋爱不同于约会。除了使用表明关系的一些符号、仪式和命名，人们还会采用特定的金钱交换形式，并使这种金钱交换形式与他们对交换双方间关系的定义相一致。比如，送聘礼就是用来区分明媒正娶和纳妾或短期情人关系，以便确立婚内财产、继承和子女的合法地位等权利的一种手段（Comaroff and Roberts，1981）。

因此，亲密关系中道德界限的划定，不是基于亲密关系中是否涉及经济或金钱交换的事实，而是基于这种交换形式是否与特定的关系相符。正因如此，人们会进行 Zelizer 所说的关系管理（relational work），包括建立和维系不同的社会关系、在时代变迁之时重塑某些关系、将这些关系同其他关系区别开，以及在特定时候结束关系。关系管理还包括在各种关系、交易、媒介和限界间创造有效的组合。通过关系管理，人们区分出不同种类的社会关系，为每一种关系建立起与之相对应的交易和媒介，并通过命名、符号和实践来标示这一组合（Zelizer，2007）。

"关系管理"可被视为人们在亲密关系中伦理实践的一个方面。在分析包养关系案例时，我将借鉴关系管理的思路，描绘人们如何定位自己的关系、区分可接受和不可接受的关系，如何理解特定关系里的经济与情感，如何发展合适的互动形式，等等。我还将呈现不同包养案例中差异性的关系定位和关系逻辑，并展现关系管理实践的复杂性、变动性及冲突性。

(二) 亲密关系的道德与伦理

尽管不少学者指出,从术语上对"道德"和"伦理"进行严格区分既无必要又不可能①,然而,本书从便于分析的角度对这两个概念进行了区分使用。我将道德侧重为社会性的规范、义务、规则、禁令等,而伦理则更多聚焦个人行动中对"什么是对的或好的"的判断以及形塑道德主体的努力。对于伦理和道德的关系,Joel Robbins (2004) 的总结颇有启发,他认为道德领域从根本上来说是由有意识采取的行动所组成的,在该领域中,通过文化建构,使得行动者能够察觉文化价值的指令性力量,又能明确意识到他们可以选择如何回应这些力量。

伦理解释和行动事实上介于两个极端之间,一端是由严格的文化强制发展而来的各种实践形式(通常被认为作用于无意识或者完全自然化的层面),另一端则是根植于赤裸裸的自我利益的实践形式。行动者更多是被鼓励而非被强制去实现这些道德价值(Faubion, 2001)。作为伦理主体的行动者必须感受到道德价值的指令性力量,并以受到鼓励的方式去认可这些力量,这意味着伦理领域就不可能是完全由文化强制所主宰的。与此同时,行动者必须在行动决策中定位这些价值,即便只是做表面文章,那么,这也意味着伦理场域不可能只由自我利益所决定 (Robbins, 2004)。

Jarrett Zigon 关于"道德停顿"的论述进一步阐释了道德与伦理之间的互动。Zigon 认为,道德可以从制度、公开话语以及身

---

① 学者指出,伦理和道德只是同一现象的两个维度,区分伦理和道德概念的要义不在于概念厘清或划清界限,而是在分析层面上将视线从某种普遍的、不受语境影响的、完全有约束力的规范与义务扩展至充盈着社会互动与复杂思考的生活世界 (Keane, 2010; Labmek, 2010a; 李荣荣, 2017)。

体化的道德性情等三个相互关联的层面来认识。所谓道德的制度性层面，指正式或非正式的社会组织或群体宣称的道德，虽然它对个体具有真切实在的影响，但并不是每位个体成员都严格遵从，并且每个社会也存在多种多样的制度性道德。作为公开话语的道德与制度性道德关系密切，但与后者不同的是，作为话语的道德是对未由官方机构直接表述的道德信念、概念的公开表述，它更多的是人与人之间的日常对话互动的结果。作为身体化性情的道德，则是伴随着个体的人生轨迹而形成的一种不假思索、未经反思的日常存在方式（Zigon，2007，2008，2010）。①

　　Zigon 指出，所谓伦理正是针对道德，尤其是对身体化的道德性情的有意识的反思。此时，人们会针对自身进行各种伦理实践，目的是使自身在别人和自己眼中变成道德上较为得当、较能被接受的人。"道德停顿"指的就是人们停下来反思、并以自身为对象有意识地进行实践的伦理时刻。"道德停顿"是对日常性的打破，往往发生在某一事件或他人闯入日常生活的时候，突来的挑战迫使个人思考什么样的回应才在道德上得当。置身"道德停顿"的个人，从道德的上述三个层面中汲取各种资源来改变自身，以便回归往往不假思索、未经反思的日常道德性情——但是个人的道德性情在此之后已经发生了变化。需要注意的是，"道德停顿"也是具有一定自由与创造性的时刻，在这个过程中，道德的三个层面发挥的作用是提供资源，而非决定个人如何进行伦

---

①　不同于布迪厄所说的惯习，身体化的道德性情虽然在一定程度上不自觉地受到制度或语言结构的影响，但更多是在人生轨迹中经由有意识的、有意向的伦理工作而形成的。此外，身体化的道德性情是个体在特定社会历史语境中经历了特定人生轨迹的产物，即每个人的道德性情都是不一样的（李荣荣，2017）。

理实践（Zigon，2010）。①

由于婚外包养关系备受主流道德质疑甚至谴责，处于这些关系中的人们因而更有可能（或者说不得不）进入"道德停顿"时刻（包括在接受我的访谈时），更有意识地反思自身和所处的关系，汲取各种道德资源，进行伦理解释和实践，从而使自己成为自己和别人眼中在道德上能被接受的人。从这个意义上而言，对婚外包养关系的研究，不仅仅能够阐释个体在亲密关系中的伦理反思与实践，而且一定程度上能够洞察社会文化层面亲密关系道德的复杂性。

本书从婚外包养中个体的讲述、解释和行动出发，将尝试探讨当下中国社会关于婚姻家庭、亲密关系中复杂甚至是冲突的道德论述。比如，从关于纪然冰案的天涯大讨论中，我们可以看到，婚姻忠诚是当下中国社会定义两性关系首要的制度性道德，并在公开话语层面占据优势，然而在该层面上也存在其他的道德原则，比如"真爱至上"。与此同时，从个体的亲密关系实践出发，我还将论述这些关于婚姻家庭和亲密关系的不同的道德准则如何在具体的社会情境中被鼓励和激发；个体更具"生活整体性"的伦理判断与其他行为意图的交织关联，及其背后的阶层和性别意涵。而这些论述，必须嵌入市场转型的社会文化背景——尤其是阶层与性别关系的重构中，才能获得更好的理解。

---

① 学者们对齐根的"道德停顿"的论述存在分歧，比如在伦理与道德、日常与反思之间设置二元对立，将日常道德性情视为一种没有反思的自在状态、伦理的目的是回归自在的日常道德性情等观点（Keane，2016；Laidlaw，2014；Mattingly，2012），但不少学者也同意伦理反思在"道德停顿"时刻更为明显（Faubion，2011）。

市场转型期的阶层与性别重构

中国市场改革 40 年，伴随着财富的急剧增长和经济不平等的加剧，社会结构也发生了巨大的变迁。经济资源在社会分层中的重要性日益显现，取代了集体化时代以政治身份为主的分层标准；不同社会群体的地位也发生了巨变，比如商人、企业家作为"新富"阶层崛起，而曾经作为"社会主义主人翁"的工人群体陨落；大量农村人口进入城市，但无法获得城市的身份和相应福利（陈映芳，2005；李强，2004；陆学艺，2002，2010；潘毅，2005；孙立平，2004；王春光，2001）。在社会转型的过程中，一个值得探究的问题是，人们如何体验、感受和应对变动的社会结构和阶层关系？

学者指出，阶层作为一种"活出来的经验"（lived experience），其意涵正是在社会实践和互动中生产出来，阶层的边界也是在这个过程中被划分、协商、调整甚至挑战（蓝佩嘉，2014；Bettie，2000；West and Fenstermaker，1995）。不少研究者注意到，消费主义积极参与到转型期中国的阶层重构中去，消费欲望在国家意识形态和社会公共话语中获得了前所未有的合法性（王宁，2012）。消费文化重新建构着关于现代生活方式和社会身份的想象。在市场改革中崛起的经济精英们，将自己定位为全球资本主义空间中老练的"公民—消费者"（Pun，2003），通过奢侈品、出国旅游、昂贵的休闲娱乐等消费行为，建构高档、有品位的生活方式，成为其身份和地位的象征（Wang，1999；Wank，2000；Wang，2005）。低收入群体也不遗余力地按照新标准进行消费。消费为那些在新的社会等级秩序中对自身位置缺乏安全感的群体

（如农民工），提供了一种融入城市文化、获得现代身份的感受，与此同时也生产出其"低阶层"性（Yan，2000；Schein，2001；Hanser，2004；余晓敏、潘毅，2008）。

日常生活中阶层的表达与协商，往往与其他形态的社会不平等紧密交织（Barber，2008；Bettie，2000）。比如，对服务业的一系列研究，生动地呈现了顾客的阶层身份和社会地位如何通过服务者性别化的身体表演得以标识和展现（何明洁，2009；Hanser，2005；Otis，2008）。正如 Amy Hanser 所指出的，在市场改革时期的中国，性别化的表演有效地传达了新富消费者的社会地位，与此同时又巧妙地掩饰了其阶层特质，而这恰恰与"性别"在市场改革时期被视为人的"本性"高调登场有关（Hanser，2005）。正因如此，女色消费成为新兴的商业群体管理和调整阶层身份的重要方式。郑田田的研究表明，在夜店情色消费过程中展现的"酷男气质"——责任感、理性、可信赖性和自控力——成为商业精英男性群体进行成员选择和结盟的重要手段（Zheng，2006，2009）。张跃红则指出，企业家试图在"毫无男子气概"和"过分大男子主义"之间建构一种新的男性特质。在市场改革时期，政府官员控制了企业家所需要的大量资源，造成后者的"去势化"，因此通过在生意交际场合给官员们的女色消费埋单，企业家一定程度上控制了这些官员，补偿了企业家的"去势"，并重新界定他们的男性气质（Zhang，2001）。

在这背后不能忽视的是，在市场改革时期中国性别意识形态出现的巨大转型，其特征之一就是带着本质主义色彩的、强调两性之间"自然差异"的性别观念的兴起（罗丽莎，2006；王政，1997；Barlow，1994）。罗丽莎指出，这些新出现的充满性意涵的性别关系在市场改革时期被描绘成对自然法则的回归。在这一被罗丽莎称为"后社会主义寓言"的论述中，计划经济时代的性别中立被视为"非自然的"和"可笑的"，那么，对性别和性行为的自然化理解便与一切非计划经济时代的现象——尤其是一个富足的市场化/消费社会和中国的"新的"、现代化的未来——有力地结合在了一起。

吴小英对市场转型期性别话语的分析指出，当下的性别话语以个体主义为基础、以提倡"素质"和"欲望"的"市场话语"为主导，它与维护父权制基础的、主张传统性别角色分工的传统话语相结盟，并高度渗透到国家话语之中。女性素质分化成两部分：一是基于个体主义原则的现代竞争能力；二是基于两性关系中女性特殊角色定位的身体消费符号。前者获得了国家话语的强力动员和支持；后者借着传统性别话语的助力，在全球化的消费时尚中获得公众包括女性自身的认可。基于个体主义原则的素质和能力说，并没有将社会结构和制度上的不平等作为考虑的因素。男女之间性别分工和差异被"自然化"，女性的身体、外貌和角色在消费文化中受到前所未有的重视，被视为能够在市场上获得效率和机会的一个不可替代的资源，这使女性身体走向商品化、客体化的消费时尚。女性的素质往往被简化成了身体的市场价位，通过身体和角色资源比通过个体的能力资源更容易使女性在市场上获得高价位（吴小英，2009）。

关于男性气质的主流表述也呈现出新的特点。首先，是性和欲望的显性化。诚如罗丽莎所言，当释放和彰显被压抑的个体欲望成为中国实现现代化的核心动力，性和情欲作为最本质的人性获得了表述的合法性（罗丽莎，2006；Zhang，2007），而男性的性欲、情欲又因与传统性别规范暗合，获得了更多的社会接纳和鼓励。其次，是财富的核心地位。随着消费社会的到来，理想男性越来越多地指向那些拥有充沛购买力的形象（雷金庆，2012）。赚钱和获取经济资本的能力是男性化个体素质的一种重要表现，这种能力可极大地增加其在（异性）亲密关系中的吸引力（徐安琪，2000；Farrer，2002；Osburg，2013）。与此同时，随着"男主外、女主内"等传统性别和家庭角色的回归，官方话语和主流媒体都将男性气概与男人的家庭角色和家庭地位相挂钩，强调"养家人"的角色和一家之主的权威（Yang，2010）。

　　本书正是在这样的社会文化背景下探讨婚外包养关系。我将通过一系列具体的个人故事，深入描绘处于不同性别、阶层和城乡迁移中的人们的选择、经历、感受与解释，探讨人们在亲密关系实践中如何应对利益、情感和伦理的复杂关系。我试图阐述两个主要观点。

　　首先，通过亲密关系进行的欲望实践和展示，成为阶层分化的一种"自然化"的符号边界。市场转型中崛起的新贵阶层，正是以能够更大限度地实现欲望而标示的，甚至以其逾越主流道德的可能性来构建起整个阶层的优越性。而欲望被理解为"人之本性"，巧妙掩盖了其所隐含的阶层特质，因为相比于财富、权势等外在的标准，欲望的实践成为一种具有普遍性的"发自内心的需求和渴望"。这里，我借鉴了罗丽莎关于"欲望"的宽泛定义，涵盖一系列宽泛的期待、需求和渴望；作为欲望主体，个体通过性、物质和情感的自我利益（self-interest）而运转（Rofel，2007：13－14）。但不同于将欲望视为个体内在的、非理性的、带着某种（自我）解放色彩的，甚至颠覆社会规范的特质（丁瑜，2016；裴谕新，2013；Tsang & Ho，2007），我力图凸显欲望的文化生产性和社会嵌入性。

其次，在巨大的社会变革中，亲密关系成为人们寻求某种有尊严的生活的重要途径。借鉴查尔斯·泰勒（2005）的观点，我将尊严视为与个人认同和社会承认相结合的概念，在本书中具体呈现为人性化存在、自我价值感和社会承认与联结。我试图说明，在关于金钱、性和情感的形形色色的欲望的"表层故事"背后，是关于个体如何获得有尊严的生活的"深层故事"，而这正是许多人在婚外包养这种非道德的亲密关系里伦理实践的支点。

上述观点将在结论部分展开阐述。在此之前，让我们先进入田野，认识并感受一下我的受访者们生活的世界。

田野调查

本书中的资料主要来自我于 2005～2007 年在广州和宁波两地进行的田野调查。主要的田野调查工作于 2005 年 9 月至 2006 年 5 月在广州完成；我于 2006 年 2 月和 6～8 月在宁波进行了 3 个月左右的补充调查，之后又于 2007 年 6～8 月对部分受访者进行了回访。

广州所在的珠江三角洲和宁波所在的长江三角洲是市场经济改革的排头兵和受益者。跻身于 1984 年首批开放的 14 个沿海城市之列，广州和宁波享受了优惠的经济政策，积极吸引外资，激励民营企业，发展进出口贸易。随着经济发展，数以百万计的外来劳动者涌入这两个地区。在我开始田野调查的 2005 年，广州的总人口约为 1100 万，其中非户籍人口超过三分之一，进出口总额为 534.88 亿美元，人均年收入 4.65 万元，是全国平均水平的 3.3 倍；宁波的总人口约为 773 万，非户籍人口占 28%，进出口总额为 334.9 亿美元，人均年收入 3.16 万元，是全国平均水平的 2.3 倍。①

婚外包养的情况在这两个地区并不罕见。以广东为例，在 1992～1996 年，广东省 21 个城市的妇联共收到 20246 份来自妻子的求助，她们的丈夫包养"二奶"或情妇（涂俏，2004）。1998 年 4 月，广州市政法委出台了《广州市政法机关关于处理婚姻关系中违法犯罪行为的协调意见》，其主要目的就是要控制"包二奶"现象。然而，广州市妇联在 1999 年仍收到了 1329 份有关"二奶"问题的求助，在 2000 年则收到了 1619 份相关求助。②

在调查中，我对婚外包养的界定采取"社会生成"的方式，让知情人向我介绍他们认为的"二奶"或处于"包养关系"中的人物，让这样的一种社会认知渗透到我的研究中来。他们介绍的对象在一些方面有相似性：一般由男方提供固定居所，提供家用或负责"二奶"的基本支出，关系相对长期稳定。

通过一年的田野调查，我共收集了 19 个婚外包养的案例，其中 5 个是过往案例（调研时双方已分手），另外 14 个是正在进行中的案例（调研时关系仍继续）。由于种种原因，我未能访谈到全部 19 个案例中的男女双方，尤其在获准访谈男方时遇到了一些困难。一些男性不愿意接受正式访问，但并不排斥甚至乐于

---

① 相关数据出处：广州市统计局：《2005 年广州市国民经济和社会发展统计公报》，http://www.gzstats.gov.cn/tjgb/qstjgb/200812/t20081215_416.html；宁波市统计局：《2005 年宁波市国民经济和社会发展统计公报》，http://tjj.ningbo.gov.cn/read/20060207/21180.aspx；中华人民共和国国家统计局：《中华人民共和国 2005 年国民经济和社会发展统计公报》，http://www.stats.gov.cn/tjsj/tjgb/ndtjgb/qgndtjgb/200602/t20060227_30019.html。

② 张琬玲：《"三八"节前夕广州妇女座谈婚姻法修正案》，《人民日报·华南新闻》2001 年 3 月 6 日。

在非正式的社交聚会中与我交谈，我从中获得了不少关于他们私人生活的信息。调研结束时，我正式访谈了19个案例中16名被包养的女性和4名男性，并对另外3名男性进行了若干次非正式的访谈。在4个案例中，我访谈了包养关系中的男女双方；在其余的15个案例中，我详细询问了被访者的男伴或女伴的背景信息，如年龄、受教育程度、职业、家乡和收入状况等。除了包养关系的当事人，我还访谈了一些受访者的朋友和亲属，从他们那里获得了更多相关信息，同时还了解了他们的态度、感受和看法。这其中包含了十余名有过婚外情/性关系的男性，一定程度上丰富了男性的视角。为了避免可能的冲突，我没有探访这些案例中男方的原配妻子，但访谈了3名因丈夫婚外情而离异的女性，其中1名是受访男性的前妻。

与访谈相比，很多重要的资料来自参与观察。我大量参与到大多数调查对象的生活中：一起去做头发、美容、逛街、喝茶、打麻将、泡吧、唱卡拉OK，像女朋友一样闲聊八卦；我去他们的家中拜访，和他们一起外出旅游，在一些关系亲近的受访者家中留宿。和他们"混"在一起帮助我更好地融入、看见和理解他们的生活以及他们眼中重要的人和事。附录"'混'在亲密与道德的边缘"里详细地记录了我的田野调查过程及反思。

受到各种局限，我的研究不能涵盖所有二奶的情况，比如我没有打入官员或大富商的圈子，也疏漏了女大学生群体。19个案例中的"二奶"们，主要分为四类：生活在广州城中村的外地打工妹，年轻时尚的广州本地女孩，曾经在夜场工作的外地姑娘们，以及在广州郊区的离了婚带着孩子的妇女。她们的年龄最小的18岁，最大的38岁，没有人上过大学；8个是广州本地人，受教育程度大多是高中或初中，另外11个是外地女性，大多在初中或小学就辍学了。她们的男伴年龄跨度在 35 岁至六十几岁，17 人来自中国大陆，2 人来自香港，其中 3 人受过本科及以上教育；3 人是专业技术或管理人员（总经理、设计师和高校行政管理人员），12 人拥有（过）中小型企业或经商（比如承包建筑工程，开办卷烟厂、夜总会、网吧或从事珠宝、手工艺品贸易等），但其中 3 人在调研时生意已破产，依靠打零工谋生（比如工地工长、仓库管理员等）①，还有 4 人长期从事广义上的工人阶层的工作（比如工长、销售员或出租车司机等）。他们的关系维持了 10 个月到数年不等。持续时间最长的一对，在我开始调研时，已将近 9 年；调查结束时，他们仍在一起。大多数的受访者都将身处的亲密关系视为一种暂时或过渡性的权宜之计，不少女性有过打胎经历，避免搞出孩子"麻烦大了"，但有两个女性在调研时已生育孩子，另有两人处于怀孕或备孕期。在 15 个案例中，二奶跟原配妻子生活在同一个城市，有的甚至只相距几公里。

　　"二奶"一词在社会语境中带着明显的贬义色彩。我的受访者们通常都不会自称"二奶"或把女伴称为"二奶"，他们在讲述中更常用的是"女朋友"、"男朋友"、"朋友"、"（我）男人"等称呼。不少受访者清楚地知道别人如何看待自己身处的亲密关系，他们喜欢用"我跟人家不一样"这样的说法来将自己描述为例外。我将此视为一种"去污名化"的努力。因此，在本书中，在讲述他们的故事时，我尽量保留他们自己的说法。在分析部

---

① 在这三个案例中，婚外亲密关系均开始于男方经商有钱时，有两对在男方生意破产后结束包养关系，而另一对则从原先松散的"情人关系"转为"包养关系"——男方生意失败后，离开汕头老家到广州打零工谋生，女伴辞去工作跟随男方到广州开始同居，在经济上由男方供养。该案例详情可见第七章第四节"阿毛：'毕竟男人嘛，关键是做事，这种事情现在也挺多的。'"。

分，为了方便陈述，我使用"二奶"、"包养"之类的词语。为了保护受访者，我在书中一律采用了化名，并对可被指认的信息（比如具体地名）做了处理。一些受访者喜欢别人称呼他们的英文名字，我也使用英文化名来替代。

章节概述

本书将婚外包养嵌入市场改革之后的社会不平等、阶层重构以及性别与亲密关系变迁的背景中进行分析，着重讨论亲密关系如何成为人们实践"欲望"和获得"尊严"的重要方式，尽管"欲望"和"尊严"对不同群体而言有着不同指向，背后渗透着阶层、性别、城乡的交织关系。

在第一章中，我将探讨"包二奶"与男性气质之间的密切关联。我将展示成为二奶的女性在家里家外所进行的各种类型的性别劳动，帮助男伴建构理想的男性认同和男性形象，进而分析包养行为对工薪阶层和商人阶层男性的不同意涵。

从第二章开始，我将转向那些成为二奶的女性的世界，讲述她们的人生故事。我将她们还原成具体复杂、有血有肉的人，将她们的亲密关系选择和经验嵌入具体的生活世界之中。我将展现，二奶并非一个同质性的群体，她们之间存在着巨大的差异——包括生活方式、消费水平、进入包养关系的轨迹、与男伴的互动、可依赖的社会关系等，这背后有着深刻的阶层与城乡的烙印，也与她们对关系的界定和管理密不可分。

第二章我将从广州本地女孩 Lucy 的故事开始讲起，由此展开对身处包养关系中的广州本地女性的分析。我将阐释消费文化、当地性别文化和社会网络如何交织形塑她们的亲密关系轨迹、认知与策略，而亲密关系又如何帮助她们在社会变革中维系群体身份、规避向下流动。在第三章，我将讲述打工妹阿英的故事，透视在城乡、阶层和性别多重权力不平等交织下的农村进城女性，如何通过亲密关系获得向上流动的可能。第四章中阿芳的故事则聚焦于女性从农村来到城市所要付出的情感和社会代价，而包养关系在某种意义上为她们提供了一个临时避风港。第五章通过阿润和阿媛的故事讨论女性在主流婚姻理想与"好男人太少"的现实之间的挣扎，将与已婚男性的同居关系视为一种临时的婚姻替代。第六章则以李雅和阿萍的故事来呈现一些打算或者已经生育孩子的二奶的情况，她们在生育决定背后的考量以及由此带来的关系的变化。

在第七章，我将转回男人们，听他们对自己的婚外亲密关系的讲述与解释，并由此展开讨论婚外恋在当代中国社会文化中的"合理性"问题，尤其是市场转型以后个体欲望与家庭责任之间的张力及其背后的性别意涵。

在最后的结论部分，我将集中探讨在前面几章中所讨论的性别、城乡、阶层与亲密关系之间的关联，并进一步阐述亲密关系如何成为转型期中国人实践欲望和获得尊严的重要途径。

第一章 阶层化男性气质的亲密建构

一个温暖的冬日午后，我去阿菲家拜访。阿菲住在广州城郊一套70多平方米的两居室中，是男友阿东半年前给她买的。我到的时候，她正在家中看肥皂剧，觉得无聊，她又拿出假睫毛来玩。阿菲告诉我，阿东刚走没多久，之前已经三天没来了，这次待了两个小时。我调侃道："是不是小别胜新婚啊？"阿菲说："我们没做什么，就聊聊天，他抱了我一会儿。"见我有些不信，阿菲笑着说："我们好久没做了，他胃口（性欲）不是很大，现在身体也不行了，做不了几次，他要留着给他老婆。"① 在阿东刚开始表现出不太有兴趣做爱的时候，阿菲还很担心他会不会甩了她，好在阿东一直给她钱，供养她。"他对我还是有感情的。"阿菲欣慰地说。

阿菲就是通常人们所说的"二奶"。她是广州本地人，31岁，三年前和37岁的建筑公司老板阿东在一起后，就不再工作，由男方供养。然而，与"包二奶"是"钱色交易"的常识不同，

---

① 阿菲解释说阿东留着跟老婆做爱是为了避免被怀疑有外遇。

在这个案例里，"性"并非最关键的因素。这在我调查的其他 18 个案例里也有类似情形：一些男性和他们的二奶没有固定的性生活，甚至在个别案例中，包养双方完全没有性交行为。按照通常的理解，婚外包养主要为了图个"性福"，若果真如此，为什么没什么性需要的男性仍然继续包养二奶？

本章将通过考察男性与二奶之间的互动，来探讨婚外包养对男性的意义。我将突破"性"的局限，将婚外包养置于市场经济改革时期"男性气质（masculinity）重塑"的背景中来考察。我试图说明，"性"是这个时期男性气质的重要组成部分，但不是唯一要素；而且，"性"的重要性不仅表现在"行为"层面，很大程度上体现在"符号"层面。

在本章的分析中，我将借鉴社会学家 Jane Ward 提出的"性别劳动"的概念，指的是为他人"赋予性别"（giving gender）而进行的各种情感和身体的努力，或主动地搁置自我关注（self-focus）以便帮助他者完成其渴望的性别认可。Ward 指出，所有的社会性别（男性、女性、跨性别、酷儿等）的身份建构都需要来自他人的承认、肯定和协助；然而，性别劳动往往与权力关系密切相关。某些社会性别身份，更"理所应当"地期待、要求他人为其提供性别劳动，也更能通过强制力量使其要求得以实现。这些性别身份通常表现为男性，尤其是当它与其他类型的权力形式（比如阶层和种族）结合之后。这是因为，为他人提供性别劳动往往被认为具有"女性化"倾向。成功的性别劳动往往需要暂时搁置甚至压抑自我，以对方的诉求为中心，生产出对方所希望的社会性别身份，因此，性别劳动也大量由女性化的主体（feminized subjects）来承担，甚至被认为是女人的天性或责任（Ward，2010）。

借助性别劳动的概念，我们将看到二奶在家庭内外承担不同类型的家务、情感和身体劳动，以使她们的伴侣感到作为男人的尊严和地位。与此同时，我还将探讨性别和阶层在亲密关系中的运作，从而呈现包养行为对工薪阶层和商人阶层男性的不同含义。

打造尊严：工薪阶层男性气质的生产

在市场改革的大潮中，城市的工人阶级经历着经济和符号意义上的双重剥夺。他们原先享有的工作保障和福利随着单位制的解体和转型消失殆尽的同时，他们也难以在新的市场中获取更多的经济资源。相应的，城市工人也逐渐失去了作为"身份群体"的自豪感和优越性（Lee，2000；Solinger，2004；Hanser，2006）。收入较低的男性没能在市场转型中把握机会创造财富，他们在经济上的不够成功通常被解读成（作为男人的）能力或素质不够，这往往意味着在亲密关系中缺乏竞争力，进而威胁到他们的男性尊严。换言之，这些男性的阶级失势通常转化为男性气质的危机（Yang，2010）。

国内外的研究指出，工薪阶层男性气质的建构很大程度上依赖于传统性别分工，通过对家庭的供养和保护以建立其"一家之主"的男性地位（Lamont，2002；Yang，2010）。然而，完成"一家之主"的身份建构无法单凭一己之力实现，它很大程度上依赖于家庭成员的认可以及对"男主外、女主内"性别分工的共识，尤其需要妻子扮演合适的女性角色——能干体贴的"贤妻良母"。不幸的是，这往往与工薪阶层的家庭现实以及妻子对婚姻的期待背道而驰。而大量涌入城市的农村打工妹，使得部分男性有可能通过婚外亲密关系进行补偿。他们的二奶往往提供大量体贴的家务劳动和照料，同时通过忍耐、顺从、迎和、鼓励等情感劳动，重新确认这些男性一家之主的地位，帮助他们修补和提升男性的自我价值与尊严感。

（一）实惠而体贴的家务劳动

40 岁的阿才是浙江人，供职于当地的一家汽车配件公司，和妻子共同抚育一儿一女。作为一名基层销售人员，他每月到广州出差 10～15 天。三年前，他在广州市郊认识了 38 岁的阿润，很快开始同居。阿润来自广西的小县城，丈夫做生意失败后逃债失踪。阿润为了挣钱还债、供养儿子，经表妹介绍来广州打工。她起初在发廊做洗头工，兼做"小姐"，遇到阿才后，便不再工作。

阿才负担每月 350 元的房租（一居室公寓）和他逗留广州期间两人的花销；他离开广州的时候则给阿润每月 800 元左右的生活费。阿润照顾他在广州期间的日常起居，租来的房子虽然简陋，但被阿润收拾得干净整洁，换下的衣服她当天就亲手洗净晾干，一日三餐总照着他的心意来做。阿才除了心血来潮做几道菜，其他家里的活儿不用沾。这其实与阿才在老家的情况很不同：妻子在公司做财务，赚得和他差不多，靠着两人的薪水，夫妻俩买了房子，供孩子们上学；因为心疼妻子在他出差期间又当爹又当妈，他回到老家几乎承包了所有的家务。但在广州，他很享受阿润无微不至的照顾，回家往床上一躺，闻着饭菜飘香，心情愉悦。有时在做饭间歇，阿润还会进来给他揉肩搓背，给他解乏。阿才常说："照顾人是阿润的强项。"

在阿润看来，阿才心地善良，收入稳定，能养家，符合她"男主外、女主内"的婚姻理想，尤其和她的丈夫相比，简直是个理想伴侣。阿润感叹"自己的男人不争气",只能"借别人的老公用一下"。所以,照顾阿才虽然辛苦,但她心甘情愿,花心思让对方感受自己的爱和感激。

工薪阶层的二奶们绝大部分是打工妹,很多姿色平平甚至上了年纪,但都承担大量的家务和照料劳动。二奶们提供的家务劳动为阿才这样经常出差的男性提供了很多便利。从纯粹经济计算的角度来看,包养阿润这样的贤惠女子也是合算的。[①] 更重要的是,二奶们所提供的照料服务还包含了重要的情感意义。在共同居所里营造的"家"的氛围中,享受由"家庭成员"所准备的饭菜、收拾的房间和清洗的衣服,往往与纯粹购买商业服务的感觉不同。尽管并非所有的二奶都如阿润对阿才般情深意切,但她们都会留意男伴的需求和喜好,以在提供家务和照料时投其所好。在我的调查中,所有工薪阶层的二奶们都会学做她们男友最爱吃的饭菜。有些二奶甚至还会去学做有营养的可口饭菜,以此表明她们对男友的健康的关心和在意。

这些个性化的、带着爱意的照料,对工薪阶层男性而言往往是对他们作为养家人的承认和肯定。正如当过出租车司机的老王所言:

> 每天都累得要死,腰酸背痛,碰到不识相的乘客,还不能吵,跟他吵还要扣你钱。现在这社会赚点钱不容易,还不是为了老婆小孩。回到家老婆(要能)做一桌子菜等着你,

---

① 粗略计算,阿才每月在广州出差的两周如果自己单过,那么每月外出吃饭和使用家政服务的支出是1200~1300元,差不多相当于阿才每月给阿润的生活费(800元)以及他逗留广州期间的花费(500元)。如果阿才想要一些他通常可以从阿润那里免费获得的服务,如按摩,他就要花更多的钱。

再说两句体贴的话，心情就不一样，感觉就不怎么累了，觉得值得。

然而，很多工薪阶层是双职工家庭，妻子的工作对家庭经济至关重要。在工作、家务双重负担下，妻子无暇时时照顾丈夫的需求，或者会就家务分工产生争吵。比如老王和妻子经常就管教儿子的问题发生争吵。在老王看来，自己赚钱回家就是尽到了丈夫的职责，照顾和教育儿子是女人的活儿；而妻子则认为老王应该多留在家里帮忙，尽到父亲的责任，而不是外出打麻将。另外一些家庭，妻子也曾因丈夫收入差而拒绝为其提供"爱的劳动"。对一些工薪阶层的男性而言，包养便宜而贤惠的二奶可一定程度上更接近"男主外、女主内"的传统性别界定，二奶们给予的服务和照顾不仅再生产了工人阶层男性的劳动力，还再生产了他们的尊严感，完成其"养家人"的男性身份建构。

（二）安抚男性尊严

除却提供便利而体贴的照料，工薪阶层的二奶们还经常为男伴进行情绪安抚的工作，这首先是通过压抑控制自身的不满、不悦等情绪来实现的。比如，阿润如此描述和阿才的相处：

> 他就是性格急躁一点，别的都没有什么。我就是忍得住，随和他。有一次，他说要十一点半吃饭，让我去煲汤，后来还没煲好，他就会说："怎么还没煲好啊，怎么那么久啊？"他就不高兴，说十一点半要吃饭。我就随和他了，说："老太婆了，不中用了。"后来他也就好了。如果顶的话也合不长的。

这些常被描述为"温顺、善解人意"的女性美德，事实上包含了大量被社会学家 Arlie Hochschild 称为"情感管理"的工作——激发或压制情绪从而保持一种外部表情，以使对方产生合适的心理状态（Hochschild，1983）。Hochschild 指出，看似自然的情绪反应往往都是通过主体积极管理的结果，当自发的情绪反应与当时情境的需求不相符时，就需要进行情感管理，从简单改变面部表情（"伪装情绪"）到极力调整内心感受（"深度表演"）。阿才的急躁易怒也令阿润心里不适，但阿润的策略是"忍"——不从情绪和言语中表露出内心的不满，甚至采取自嘲的方式消解他的烦躁情绪。这些情感管理工作使得对方的要求以及因要求未能如期实现而产生的情绪反应变得合理、正当。阿润的"忍"一方面符合传统的女性规范——女性通常被期待控制愤怒、不满等情绪以表现"温顺"；另一方面也是她维系这段关系的重要策略，她深知"顶是合不久"的。在经济依附和"无名无分"的双重弱势下，她通过帮助男性确认和提升在双方关系中的权威感以稳固自身地位。

一些二奶还给予男伴肯定和鼓励，提升其自信心和自我价值感，这对于在社会和家庭中缺乏认可的工薪阶层男性而言尤为重要。50 岁的老王曾是出租汽车司机，后来在妻子方荔亲戚的帮助下调入宁波一家国营单位给领导开车，几年前又调入办公室做行政工作。三年多前，他和湖北女子小梅好上了，帮她在宁波租了房子。他如此评价他的两段关系：

> 我每天上班很辛苦，唯一的爱好就是打打麻将，就是放松放松，跟朋友聚聚。但是方荔觉得这是赌博，坚决不同意，反应特别激烈。有一次我打牌回来，她把房门反锁了，

不让我进去。你说有没有道理？她一天到晚把我跟她姐夫比，说人家开公司，赚钞票，我一点没上进心，一点不努力，就知道打麻将。（我）在家一点意思都没有，觉得很压抑。

我和小梅就很谈得来。每次我去她那里，觉得很放松，很愉快。她对我很好，给我做饭，陪我聊天，从来不要求我做什么。她知道我跟我老婆的事情，她也很同情我，觉得我是很好的男人，应该有个幸福的婚姻……我跟她说过我不可能跟我老婆离婚的，但是她也没说什么，照样对我很好。说实话，我蛮感动的。

方荔发现了老王的私情并愤怒地砸了小梅的住所，两人结束了25年的婚姻。离婚后，老王发现，小梅对他不会娶她感到很难过，但她小心翼翼地掩藏起内心深处的感受。通过压抑自己的失望、不断支持老王，小梅让老王获得了一种作为"很好的男人"的自我价值感。

方荔和小梅对老王和婚姻的期待是不同的。方荔比老王小两岁，是宁波本地人。两人于1980年代初结婚，婚后最初几年夫妻感情和睦。1990年代初两人上班的工厂效益越来越差，方荔换到一家事业单位当会计，工作稳定但收入有限。她希望老王多赚钱，改善家庭的经济条件，而自己主要照顾家里。在她的敦促下，老王考了驾照，开起了出租车，家庭经济状况有所起色，但与方荔姐妹家的差距越来越大。方荔的姐夫和妹夫之前几年先后下海，生意红火。方荔希望老王多跟他们学习，但老王不爱去她娘家，感觉"低人一等"；他更愿意与原来的同事和邻居们交往，打打麻将。在1990年代的宁波，麻将被认为是"赌博恶习"，方荔爱之深、责之切，希望帮老王"改邪归正"。在方荔看来，"因为他是我老公，我才去说他管他。眼看他染上坏习惯，随他去，那就不是自家人了"。

小梅则是一名比老王小 20 岁的外地打工妹，上学的时候看过不少港台连续剧，也期望那样的爱情，但她的第一次婚姻却以失败告终——丈夫是老家人，恋爱时甜言蜜语，但结婚后找不到工作，游手好闲，最后还对她拳脚相向。来宁波后，小梅先后在洗衣店、餐馆和洗车房打工，生活辛苦。老王是他遇到的最好的男人——至少和她的前夫和其他的打工仔相比，老王有稳定的工作，而且性格随和，会关心人。所以，她愿意像一个"贤妻"一样——默默忍受、不抱怨、支持鼓励以帮助他建立良好的自我感觉，"活得像个男人"。

彰显地位：商人阶层男性气质的演绎

商人和企业家无疑是市场改革中崛起的新兴阶层。商人在传统中国社会地位不高，其精明算计的特质与传统提倡的男性气质的内涵并不吻合（雷金庆，2012）。在市场转型过程中，这个新兴的精英群体欲将经济资本转化为社会地位的筹码，其中一个重要的方式是通过对女性身体、性和情感的消费（Osburg，2013；Zhang，2001）。与商业化的性消费相比，拥有情人则更能彰显男人魅力和社会地位，因为"不用直接和赤裸裸的付钱而能吸引到漂亮女人的能力无疑是对其男人味和社会地位的终极证明"（Osburg，2013）。

我接触到的企业家和商人大多出生于普通家庭，教育水平不高，但在改革开放中把握商机积累财富，其中一部分人采取半合法的手段捞到"第一桶金"。在我调研期间，他们大多掌管或经营中小型企业。与工薪阶层男性将婚外包养作为男性尊严的个体化补偿行为不同，商人阶层的包养行为往往具有群体彰显的特质，这与充斥着情色消费的商业应酬文化紧密相连，使得他们的婚外亲密关系具有重要的公共面向。二奶们不仅在私人场合里进行性别劳动，也需要在特定的公开场合帮助男伴展现魅力，进而凸显其新贵身份。

（一）符号化的家务劳动

建筑公司老板阿东跟阿菲在一起已经三年有余。他的妻子和两个孩子住在几公里外。阿东给阿菲买了房子，每个月给她5000元到10000元不等的生活费，足够让阿菲在广州郊区过上舒适的生活。阿东很少在阿菲住处吃饭或留宿。他有很多的应酬，也不想被老婆抓包。阿菲平时要么跟阿东外出应酬，要么跟朋友们一起上餐馆吃，很少自己在家吃饭。虽然做得少，但阿菲很会做菜，她说："他要来吃的时候我没给他准备，要吵死了。"

和阿菲一样，多数商业精英男性的二奶不需要从事大量的家务劳动。在商人和高级白领包养案例中，两个香港男性——一个珠宝商，一个设计师，他们来广州主要是为了谈生意和找乐子，而其余的大陆男性的两个"家"都在同一个城市。这些男性几乎每天都会在外应酬或娱乐，日常家务通常由他们的妻子或家里的保姆来承担。一些商人的二奶也请小时工来打扫房间。

家务照料在商人的包养关系中没有太多实际的作用，但具有重要的符号意义。我在调研的过程中不止一次遇到过这样的情形：二奶在和他人外出吃饭时匆匆赶回家，因为他们的男人临时决定回"家"吃饭；还有二奶会特意从自己的住所——没有电梯的 8 楼——跑下楼去为男伴买他随口提到想吃的点心。通过恰当甚至略带表演性的照料劳动，二奶给男人们传递出重要信息：他们的要求可被无条件满足。这不仅表达了她们对男伴的在意和关心，而且显示了他们在家中的重要性和至高地位。

（二）多维度的情感劳动

除了符号化的家务劳动，商人的二奶们也通过情感管理来帮助男伴完成他们所希望的男性形象。如果说工薪阶层的二奶以控制"失望"、"不满"等负面情绪来帮助男伴建构男性尊严的话，商人阶层的二奶则还需要承受更大的言语伤害和抑制"愤怒"来显示男伴的至高地位。许多商人的二奶告诉我，在两人关系稳定之后，她们的男友就会肆意地冲她们发脾气。这些情绪发泄很多时候是一种"迁怒"——他们在工作、应酬以及家庭生活中遇到压力或者不顺心的事，经常会演变成在二奶处的"找茬"乃至"大发雷霆"，并将二奶们的忍受当作一种理所当然，正如一个男性商人说："不爱听，可以走啊。"与受法律和社会习俗保护的婚姻关系不同，婚外包养关系对于男性的行为几乎没有社会约束，完全依赖于个体之间的互动和牵制，只有在男性情感高度投入（比如关系初期或对二奶有强烈情感依赖）的少数情况下，男性才会对自己的行为有自发的约束。[1]

一次阿菲因为阿东久未过去看她，在电话里对他娇嗔抱怨，没想到阿东在电话那头吼道："你个婊子，你以为你还是处女啊，还说我对你不够好?!"阿菲听了很受伤，但并没有回击。她说：

---

[1] 在男性追求和关系确立初期，那些男性通常不会随意发作，反而会忍受女伴的小性子和脾气。在他们看来，能追求到"难搞定"的女性是他们男人味的表现，他们甚至享受这种调剂。

"我这个男人就是粗鲁。跟他吵没用啊，他更气啊，骂得更难听，还关水喉（停止供养），费什么事呢?"

Lucy 也经常在访谈中抱怨男伴对她乱发脾气，她说道：

> 我真的受不了他的脾气了。他一不高兴就骂我，说得很难听。我不是特别没钱的时候，我就顶回去；我要是特别没钱的时候呢，我就忍了，我虽然很生气，让他骂啊，有时候还要逗他，很惨的，就是那个低低死气（低声下气）。

二奶们偶尔也利用男性心理和"情感承诺"来为自己博取筹码。比如一次 Lucy 参加朋友的生日聚会，其间接到男友电话，对方要求她立刻回家，Lucy 花了 40 分钟的时间跟他解释，哄他开心，但对方还是不依不饶，坚持"我就是不喜欢女朋友去酒吧，就是不喜欢女朋友在外面玩"。Lucy 忍无可忍，说完"你不是说喜欢我吗? 我就是这样啊"就挂了电话。几天后，男友打电话道歉，还承诺从香港给她带一套雅诗兰黛的化妆品。Lucy 说："男人很贱的，不能对他太好。"但这样的反击不总是成功，多数情况下，如果发生争执，都是 Lucy 主动去道歉求和，花更多心思讨好男友。

除了忍受情绪暴力和克制愤怒等"压抑型"情感劳动，一些商人的二奶还需要从事各种"表现型"的情感展示——比如营造一种良好的谈话氛围——使得她们的男伴获得情感满足和良好感觉。阿英是一名香港珠宝商的二奶。在她看来，这段关系中最难应对的任务之一就是接男友的电话。她说："他每天给我打电话就说生意上的事情，我对他的生意没兴趣。他一直讲一直讲，我就只好在那边听，假装听得很认真，有时候说几句，说这个真有意思啊，他听着高兴点。"通过专注的聆听、赞赏的笑声和肯定性的评论，阿英不仅满足了男友想要交流和分享的情感需求，而且从她的反应中，男友能够感到自己是一个有趣而富有魅力的男人。

通过压抑型和表现型的情感管理，二奶们让男人在与她们的相处中可以释放情绪压力、发号施令、获得魅力认可。正如一位男性受访者感叹："她让我感觉像个皇帝。"不同于工薪阶层男性从二奶处获得的"好男人"的感觉，"皇帝"则意味着有资格享受别人提供的各种服务——他拥有地位和权力，可以下达命令并期待得到执行。

（三）私人关系的外显

除了在相对私人化的互动中，二奶们为商人们营造了某种地位感，她们还需要在特定的公共场合展现这种关系，以帮助男友在其社会圈子里获得"面子"。在新兴的商人和企业家圈子里，有魅力的漂亮女人常常被视为是有价值的男性战利品。在私人浪漫关系的光晕下，拥有值得艳羡的女伴一方面标志着男性个人欲望的满足，另一方面折射出男性的个人魅力和地位。

比如，阿英的男友是个60多岁的香港珠宝商，他每月给23岁的阿英10000元左右的生活费。因为"老头"（阿英如此称呼他）性无能，他们从未成功做爱。阿英问老头，既然他没法做爱，为什么要找女朋友？他说，他所有的朋友都有二奶，为什么他不能有？他渴望向其他人表明，他是一个强壮的、富有的、有吸引力的成功男人，这一公共形象对他而言非常重要。

许多商人和企业家的二奶为了维护男人的荣誉和地位，会进行大量的身体劳动（Lan，2003），在陪伴男友出席的公共场合呈现"恰当"的女性身体。许多人会根据她们男友的要求改变自己的外表打扮。事实上，并非所有男性都想要他的二奶看起来更年轻或时髦。例如，我访谈的两个年轻的打工妹——一个十八九岁，一个二十出头，她们的男友比她们大好几十岁。男友经常要求她们穿昂贵的套装，不许穿便宜、时髦的衣服，而且尽量少化浓妆。这样的装扮可以使她们看上去更成熟，免得被误认作祖父和孙女。这样的装扮也可以掩盖她们的农村身份，让她们看上去更有文化和品味，不会被人当成酒吧陪酒女。相反，对那些30岁左右的二奶们而言，"装嫩扮靓"则是她们的首要任务。这些女性会追逐最新的时尚，常常浓妆艳抹，甚至通过整容淡化年龄的痕迹。她们告诉我说，这么做是为了保持形象上的优势，没有男人会希望自己身边的女人"又老又丑"。

商人们的二奶经常被要求陪同男友出席各种应酬活动。在这些男性的社交应酬活动中，对女色的消费构成男性缔结兄弟纽带的重要内容。这种应酬活动通常被建构成（有权势的）男人可以摆脱道德约束、满足一己私欲、寻找乐趣和刺激的场合，这与妻子的形象——去性化的贤妻良母和家庭的守护者——格格不入。所以，妻子的出现会被认为既玷污了家庭的清誉，又坏了男人的"性/兴致"。而二奶，由于被视为私人欲望满足的对象，在这些活动中出现被认为是怡情的。

在这些场合，二奶们要尽量使男友看起来很有吸引力。比如，一天晚上，我跟随阿雪去她男友阿海开的夜总会。我们到的包厢里还有阿海的两个朋友和他们的女伴。不一会儿，阿海来到我们的包厢，阿雪迎上前去挽住他。阿海笑着对大家说："（刚才）碰到几个老朋友。来来来，喝一杯。"阿雪从茶几上拿了一只空杯子，给他倒上啤酒。一个朋友递上一杯芝华士，说我们都喝芝华士，你喝啤酒不行。阿雪忙接过杯子说："我男朋友胃不好，喝不得啊!"朋友们听她护驾，对阿海说："女朋友体贴啊，你不能喝，她来喝一杯吧?"阿海看了阿雪一眼，阿雪娇嗔道："哎呀，你们不要为难我男朋友，为难我啦。"看大家不依不饶，她接过酒杯："好吧，只能喝一杯哦。"喝过了酒，大家坐下。阿雪紧紧倚着阿海，轻抚着他的手，柔情地说："怎么去这么久啊?有没有累啊?"身边的朋友打趣阿海说："你女朋友想你了，等不及了。"大家一阵哄笑，阿雪害羞起来，轻操边上的男生："不许欺负我!"与陪酒的小姐相似，通过敬酒、言语调情、身体抚摸等表演，她们帮男伴建立起性感且有魅力的形象。但与陪酒女郎不同，二奶是某个男人的个人所有，进而消解商品化性消费带来的男性气质的廉价感，这也对二奶们的表演提出更高的要求，以显得更为自然真实。

因此，对很多被商人包养的二奶而言，出席这种应酬活动往往具有强制性。比如2006年春节长假期间，阿东每天晚上都和朋友们聚在一起打麻将，每次都会带着阿菲。阿菲在那里会待到凌晨五六点，常常一天睡不到6个小时。有时阿东也会要她陪他去吃晚饭和唱卡拉OK，这些活动把阿菲弄得精疲力竭。一天，她跟阿东商量让她在家休息一晚，阿东同意了。到了晚上10点，阿菲已经躺在床上，突然接到电话——阿东在楼下的车里等她，他们要去酒吧。"我真不想去啊，头很晕啊。"阿菲跟我坦言。不过，她仍然快速地起床、穿衣、化妆、下楼。

与商人的二奶们费尽心思为给男人在公共场合"挣面子"不同，工薪阶层包养二奶的行为则更具私密性，包养二奶通常是工薪男性个体化的、修补男性尊严的方式，而并未成为一种群体性的亚文化。一般而言，工薪阶层的男性不需要参与半制度化的、充斥着情色消费的社交应酬活动，他们的社交活动通常以家庭为单位或者干脆排斥女性参与（比如喝酒、打牌）。二奶们很少被邀请参加他们的社交活动，一些二奶甚至通过拒绝参加男人们的活动而使自己显得像个"贤妻良母"。

小　结

在婚外包养关系中，二奶从事着巧妙而辛苦的家务、情感及身体劳动，帮助男伴确认其自我价值、男性尊严和权威。家庭的私人环境以及情人关系的亲密性容易使男性将二奶所承担的烦琐的、往往是强制的甚至有时是痛苦的劳动视为是自愿乃至非常乐意的；这一认知使男性进一步确信，女伴对其男性气质的肯定和赞赏是真实而自然的。

二奶的性别劳动体现了亲密关系中微妙的权力关系。首先，二奶们给男伴提供的性别劳动远远多于从她们的男伴那里得到的，这与社会的性别期待有关，也与她们对男伴的经济依附有关。其次，二奶和妻子不同，妻子有法律和社会承认所赋予的"地位"作为保护伞，一定程度上免于陷入烦琐的、不对等的，甚至痛苦的性别劳动中，然而二奶却会因为自身地位的不确定性而将取悦对方当作一种维系关系的策略。最后，二奶也与陪酒女等商业性情色服务者不同，陪酒女一定程度上可以将她们的真实情感与逢场作戏的工作区分开——当她们在一个商业场合努力奉迎男性的时候，她们可以不用表演得那么真诚。在私人化的亲密关系中，二奶不仅主动承担肯定、保证和强化其伴侣男性气质的劳动，而且需要付出更多的努力使得这些劳动显得真实自然甚至"不着痕迹"。

二奶的劳动对男伴的意义，因后者的阶层地位的差异而有所不同。通过提供自愿而体贴的家务服务以及压抑自己的负面情绪，工薪阶层的二奶不仅为男伴营造了一个温馨实用、极具"性价比"的家，而且为他们打造了"一家之主"的尊严和价值感。商人的二奶则需要进行大量的性别劳动，帮助男伴在公共场合表现出一种充满优越感和吸引力的男性形象。换言之，当男性的性别与商人阶层相结合时，二奶们为男伴制造性别的劳动往往不限于私人场所的私密互动，而要拓展到特定公共场合的公开呈现。

男性气质的阶层差异与市场转型时期中国社会的变迁紧密相关。一方面，随着市场改革，商人阶层拥有了较强的经济能力，并试图获得更高的社会地位。这些社会地位的诉求在男性欲望显性化和女性身体商品化的性别话语的支持下，构成其男性气质的重要组成部分，即通过拥有漂亮女人来彰显身份、权力和优势。另一方面，工薪阶层男性则在市场化的过程中逐渐边缘化，这个群体的男性气质的建构更多围绕他们的家庭角色，通过女伴对其作为家庭的经济支柱和一家之主的身份的确认，生产出男人的尊严和价值感。

这一章阐述了包养二奶对商人阶层及工人阶层男性的不同意义。那么，成为二奶对女人来说意味着什么呢？下面几个章节将深入探讨城市女性和农村打工妹这两类女性进入包养关系的历程、情感逻辑和应对策略。

第二章　时尚的重要性：都市女性的"尊严经济"

　　广州初夏一个闷热的下午，我和 Lucy 相约一起做头发。等我大汗淋漓地赶到美发店，Lucy 已经等得快不耐烦了。我跟她解释说公交车不准点，她用带着浓重广东口音的普通话"教育"我："我叫你打车的嘛。看你出这么多汗，很没样子，省这点小钱做什么呢？"我抱歉地笑笑，拉着她一起讨论发型。她准备将大波浪拉直，留了三个多月了，想换造型。她建议我烫成小卷——时下比较流行的发型。听到我在 260 元的韩国烫发水和 150 元的国产烫发水之间选了后者，Lucy 立马对发型师说："不要，给她用韩国的。"接着转过头来继续"教育"我："你怎么会选那个（国产的烫发水）呢？没省多少钱，但是对你的头发不好。"我没有坚持，尽管对这两种烫发水到底会有多大的差别心存怀疑。但到埋单的时候，我只需要付国产烫发水的价钱，而 Lucy 分文未付。看我疑惑不解，Lucy 向我解释，美发店老板是她的前男友，他们分手之后还是朋友。

　　Lucy，26 岁，广州本地人。3 年前与一位香港已婚的建筑师在一起后便不再工作，由男友供养。她在广州的日子看起来光鲜惬意，她在市中心租住了一套一居室，出门就打车；用雅诗兰黛和迪奥的化妆品，背 LV 包包，挂 Gucci 的手机链；每日与朋友们出入咖啡厅和酒吧，定期去香港购物，到各地旅游。

Lucy 是我访谈的处于包养关系中的广州本地的年轻女性中的一个。和 Lucy 一样，她们大多时尚靓丽，跟着有钱的男人，过着高消费的生活，符合大众对于"二奶"的寻常想象。可是，很少有人询问，时尚消费对她们而言，到底意味着什么？"被男人供养"又意味着什么？仅仅是"贪得无厌"又想"不劳而获"？

社会学家指出，消费除了满足个体的需求之外，有着重要的社会和情感意义，对于消费行为的理解必须放到具体的社会文化情境中。一些学者指出，消费往往是一种寻求竞争性身份地位的行为，比如凡勃伦（Thorstein B. Veblen）在关于"炫耀性消费"的经典阐述中谈到，人们消费特定的物品是为了显示出"高人一等"的地位，从而获得他人的艳羡或重视（凡勃伦，2009）。消费不仅是一种"区隔人群"的重要形式，同时也是建立人际纽带的途径。人们往往通过为他人购买和赠送商品来表达关心和爱意，从而建立和维系社会关系（Zelizer，2007）。在消费主义日益兴盛的当今社会，情感的表达已经越来越被市场所主导，形成某种高度依赖于商品的"爱的物质文化"（Illouz，1997；Miller，1998）。一些新近的研究还指出，消费日益成为在社会群体中确立成员身份、获得认可和归属的重要方式。很多时候，人们购买特定的物品或服务，与其说是为了获得令人艳羡的优越感，不如说更多为了获得他人的承认和尊重，以享有社会交往的平等机会。比如，社会学家 Allison Pugh 通过对儿童消费文化的研究提出"尊严经济"（economy of dignity）的概念，意指确认个体是否有资格参与群体活动并从中获得认可和归属感的社会意义系统。Pugh 发现，流行的玩具和消费经验构成了儿童之间社会交往的重要话题，即儿童"尊严经济"的重要筹码，如果缺乏被群体认可的消费经验，就容易被排除在群体生活之外，难以获得同伴的认可和群体归属感（Pugh，2009）。

在本章中，透过这些广州本地女性的经历，我将探讨在消费文化兴起、城乡流动和阶层变迁的背景下，时尚消费如何形塑了城市女性的社会生活，并与她们的身份认同、个体尊严和社会归属发生紧密的关联。与此同时，我还将展示女性的消费经验高度受制于当地的性别文化和实践。一方面，由于女性缺乏在市场获得物质资源的平等机会，她们的消费能力高度依赖亲密关系中男伴的经济水平；另一方面，男性对于女性的供养被建构成情感表达的重要方面，在亲密关系中男性满足女性的物质要求不仅是合理的，而且是荣耀的。下文将以 Lucy 的经历为例，描绘和分析一部分广州本地女性进入、维系（以及计划离开）包养关系的过程，以期呈现在性别文化、消费主义和社会网络交织中都市女性的亲密关系经验和认知，以及蕴含于其中的矛盾与冲突。

性别、消费文化与供养历史

Lucy 生长在一个工薪阶层的家庭，父母在她小学的时候离异，她跟母亲和外祖母一起生活。18 岁时，Lucy 交了第一个男朋友，比她大两岁，是做生意的，两人感情发展顺利，也有结婚打算。在交往的 5 年多里，Lucy 不再工作了，由男友供养。后来男友生意失败，提出分手。"他觉得我会拖累他，"回想往事，Lucy 依旧感到委屈，"那个时候他也认识了另外一个女孩子。"

分手后，Lucy 去了深圳，在朋友的帮助下开了一个饰品店，但生意很不好，不得不继续依靠朋友给她介绍的追求者所提供的经济支持来维持生活。直到半年后遇到她的现任男友，一个已婚的香港建筑师。"我不喜欢他，"Lucy 坦言道，"但我需要有人照顾我。"关系确立后，Lucy 关了店铺，回到广州，男友给的一个月 10000 块钱左右的生活费，够她基本的日常开销——租房、打车、和朋友外出吃饭、泡吧、喝咖啡。

这三年间，Lucy 也曾尝试找过一些工作，她有高中文化，学过一些平面设计，朋友给她介绍过办公室文员的工作，月薪在 2000～2500 元，但每份工作她都干不过一个月，用她朋友的话说："一个月挣的还不够她逛街一次花的呢。"

作为时尚美女，Lucy 非常注意自己的形象。Lucy 说："对女生来说，样子是最重要的。好的样子让你感觉很好。"对她而言，"美丽的女性形象"首先意味着拥有白皙的皮肤、精致的妆容和性感的身材，为此她倾注了大量的时间和金钱。每天出门前化妆 1～2 个小时，每周做一次美容，每年至少换两三次发型；她还花了 1 万块钱隆鼻，并考虑去做个腹部抽脂手术。Susan Bordo 在分析美国社会女性的身体政治中指出，受市场利益驱动的各种流行广告和商业形象已经重新定义了女性身体的"正常状态"，并通过建构与这些身体类型相关的女性主体性来发挥作用（Bordo，2003）。与此相似，在市场改革时期的中国，外貌被认为是"自然"的女性特质，构成了女性"自我认同"的重要部分（Rofel，1999）。美容产业的兴起极力向大众传达了这样一种文化信息：美丽的外表并不是那些天生丽质的人所独有的，相反，任何一个认真对待并尽力表现其女性魅力的人都可以获得。

"美丽的女性形象"也是一种通过消费对自身社会地位和文

化品位的展现。Lucy 相信名牌，对此知之甚多。她相信使用名牌可以使人看起来更"高级"，也更"漂亮"。因此，对品牌和时尚的了如指掌和恰当使用也是她保持理想外表的关键。为了跟上最新的时尚动态，Lucy 会定期（一般一个月一次）去香港逛街，并经常更新衣柜和化妆品。身体是 Lucy 需要进行投资的一项资产，以保持对男人的吸引力。她越是性感时尚，就越能获得男性的青睐和追求。①

更重要的是，时尚物品和生活方式是 Lucy 维系自己朋友圈子的重要手段。Lucy 的闺蜜们是一群在广州土生土长（或小时候就随家人搬来广州）的女孩子。她们年轻漂亮，装扮新潮，在一起只说粤语。Lucy 与她们相识很久，有几个一起长大，有几个是上学时候的朋友，还有几个通过彼此的朋友相识。她们中除了个别人自己做生意，大多依赖男友供养（有些是正牌男友，也有一些跟 Lucy 的情况类似）。Lucy 告诉我，与闺蜜们相比，她算"过得很惨"了。她们中有人在二沙岛（广州最昂贵的居住区之一）拥有别墅，有人开雷克萨斯或奔驰，还有人把刚过季的普拉达（Prada）手提包送给家里的保姆了。和女友们在一起聊天的最主要话题就是美容、新款的名牌包、衣服、化妆品以及男人。Lucy说："如果你什么都不懂，她们会觉得你很没意思，懒得理你了。"Lucy 还记得一次一个朋友背了个当地品牌的手提包去聚会，被女伴们奚落"是不是刚从农村回来"。

在 Lucy 生活的世界里，时尚消费维系她与朋友们的持续互动。对 Lucy 而言，使用品牌化妆品、奢侈品牌的包包以及接受各

---

① 得到男人们的喜爱和追求是其女性魅力的重要体现，帮助 Lucy 建构有价值的女性身份。与此同时，保持对男性的吸引力也有工具性的意义，便于建立亲密关系以获得经济上的资助。

种昂贵的消费服务与其说是为了彰显"高人一等"的社会地位，不如说更多地是为了获得同伴的认可和接纳，维系在原有社会网络中的成员身份，避免被朋友圈子边缘化或排斥。[①] 在市场改革以来社会（阶层）结构的巨大变迁中，消费已经成为人群分化的重要标志。Lucy 竭力避免因经济匮乏而无法维系原有的生活方式，因消费不足而与原有的社会网络脱节——这将使她陷入向下社会流动的危机体验。

与 Lucy 相似，其他受访的广州本地女性进入包养关系，也多是长期由男性提供经济支持的一个延续。这些女性大多在 20 岁左右就没有固定工作，成为全职女友或全职太太。在恋爱关系或者婚姻破裂时，她们会短期从事诸如服务员之类的工作，但很快会进入另外一段关系，继续由男性供养。从这个意义上而言，与已婚男性的亲密关系只是她们连续性的、由男伴供养的亲密关系中的一段，在尚未遇到有结婚指望的对象时"退而求其次"的权宜之计。

在当地盛行的性别观念中，亲密关系中男性对女性的供养受到鼓励和推崇：男人供养女人不仅是自然的，甚至是合理的。受访女性身边的不少女性朋友、亲戚和熟人是靠男人养活的，不一定作为二奶，有些就是正牌的妻子或女朋友。比如阿雪的妹妹嫁了一个本地人，妹夫近年来生意越做越好，钱赚得越来越多；妹妹每天过着闲适的生活，喝茶、逛街、打麻将。对比妹妹的"好

---

① 我曾请求 Lucy 把她最有钱的两个女朋友介绍给我认识，她想了一会儿拒绝了我，说："她们不爱说普通话，而且她们很年轻很骄傲的，肯定跟你聊不来。"在广州调研时，我的美国留学生身份承载了一定的文化资本，帮我突破了很多的壁垒接触到各种各样的人。但是由于缺乏身体资本和时尚消费经验，我难以接触最"高端"的研究对象，这也从侧面说明时尚消费对于维系 Lucy 在其社会关系网络中的成员身份的重要性。

命"，阿雪说："我的命不好，我的第一个（男人）是嗑药（即吸毒）的。"对于这些女性而言，被男人养着没什么问题，差别只是在于是否（有可能）结婚。

一些受访者也曾幻想自己赚钱过上好日子，比如阿菲半自嘲地说："我想找赚钱的工作，没学历啊。我想做生意，没钱投资啊。"这些广州本地女性没有人拥有高中以上学历，她们的原生家庭也不富裕。尽管与许多外地打工妹相比，她们可以依赖社会关系找到更高收入的工作，但远远不够支持她们的消费水平，以维系原有社会地位和社交网络。

与男人的游戏：有底线地讨价还价

凭借男友每月给她的生活费，Lucy 在广州的日子还不错，但如果她想要买奢侈品的话，这些钱是不够的。因此，Lucy 需要想办法向男友讨要更多财物。她说：

> 他很虚伪的，你接触多了就了解了，嘴巴上很好听的，但是不会去做的。他说："我很爱你啊，我想给很多的钱你啊。但是，我现在很穷啊，没钱啊，我没能力啊。"其实他有钱的，就是不想给，还装出可怜的样子。（怎么知道他有钱？）他过几天就给自己买东西了，什么（玩具）枪啊，衣服啊。

Lucy 从男友那里得到的金钱数额并不固定。她男友每次来找她的时候都会给她几千元，具体数额因 Lucy 的需求而定，因此，找到让男友觉得合理的理由很关键。相处三年来，Lucy 发现，相比于购买奢侈品，男友更愿意为一些实际的需求埋单，如安装和更换家庭设施、支付医疗费用以及给家人购买生日礼物等。Lucy有时候会编些故事来向男友要钱，比如亲戚过生日或家里某个电器坏了。"但这种借口不能用多了，"她说，"他会怀疑的。"而节假日、生日以及周年纪念日则是 Lucy 向男友讨要贵重礼物——通常是她想要的奢侈品——的重要时机。

对于男友口头表达的爱意，Lucy 并不全然相信；甜言蜜语仅仅是为了得到她的忠诚，她借机向他提出各种物质方面的要求，以作为爱的证明。为了向男友表明她的要求是合理的，她常常向对方展示女友们从男友处获赠的礼物，Lucy 说道："我跟他说贝贝生日的时候，她老公送了她一辆雷克萨斯。我说我知道你钱没那么多，你给我买个浪琴的手表好不好？"Lucy 深谙"爱的物质文化"（Miller，1998），通过强调礼物交换的情感意义和圈内行情，Lucy 促使男友用物质来"兑现"他的爱；对照那些更为富有的朋友的所得，她将自己的物质诉求表述得合情合理。

不仅如此，Lucy 还通过付出额外的情感劳动"挣得"物质回报。在婚外包养关系中，正如上一章里详细论述的，被包养的女性通常承担大量的情感劳动，忍受情绪暴力、压抑负面情绪或迎合对方需求，以使男友在家中感到放松、受到遵从以获得良好的自我感觉。然而，当 Lucy 期待得到一份昂贵的礼物时，她会付出额外的力气来讨好男友。例如，在她生日的前一个月，Lucy 向我多次抱怨男友如何恶劣地对待她。她说："要不是他答应给我买LV 包包做生日礼物，我才不忍他呢！"

与其他处于包养关系中的女性（尤其外地打工妹）相比，Lucy 对自身感情的工具性使用最为纯熟。一次，我同 Lucy 一起吃火锅。席间，她向我列数了近期从男友处得到的昂贵礼物，神情小有得意。突然，她话锋一转，说道："大家都有付出嘛，其实我付出的更多。他付出的是钱，我付出的是青春啊。虽然他管不到我，但是每个月要见两三次的，要陪他。"

用这种公平交易的逻辑，Lucy 试图告诉我，她所得的是对她所付出的合理回报。她不是不劳而获或靠色相骗取男人钱财的女人，而仅仅是亲密关系游戏中的一个诚实玩家。公平交易逻辑帮助 Lucy 合理化了她当下的亲密关系处境：男友从她这里获得身体和情感上的愉悦，她以此换得经济上的实利。在很大程度上，她有意识地商品化了身体和感情，将它们当作通过投资能够产生经济利益的"资本"。但这么做她也付出了代价，比如失去对情绪的掌控能力。Lucy 说："我以前脾气还可以的，但是现在越来越坏了，Betty 她们也这么说，很容易着急，生气，都是被他害的。我有的时候真的是很气啊，这里很难受（捂胸口），闷得厉害，还要忍他。"

尽管 Lucy 有意识地通过情感上的付出获得经济上的补偿，但她拒绝一味隐忍受气，同时积极捍卫自己作为"女朋友"的情感底线和权利。当男友表现得过分粗鲁或不可理喻时，她会反击。比如，一天晚上，Lucy 参加朋友的生日聚会，大家玩得正高兴，男友打电话过来，得知 Lucy 在酒吧后，开始发脾气。Lucy 下楼哄了他 40 多分钟，对方依旧不依不饶，Lucy 决定不再忍受：

> 他跟我说：我很不喜欢我的女朋友泡吧；我很不喜欢我的女朋友喝酒；我很不喜欢我的女朋友喝醉；我很不喜欢我的女朋友跟其他男仔玩。我说：这就是我喜欢的生活方式啊。他说：那说明我们两个不合适在一起。我说：是啊。他气得要命。后来我就跟他讲：我不跟你多说了，我要进去了，他们在等我了，就把电话给盖了。他气死了。

"我不是他的佣人，" Lucy 解释道，"他说他喜欢我，很爱我，那他怎么会这么对我呢？" Lucy 的爆发不仅在提醒她的男友，他在情感上要求过多、付出太少，而且再次强调了他们之间亲密关系的界限，其中包含了一定程度的相互尊重和情感对等。虽然很多时候为了维持关系，Lucy 不得不在事后为自己的"冲动"向男友道歉，但也有几次她的"反击"成功地帮助她掌握了主动权——包括那次在酒吧挂了男友电话。几天后，男友打电话向她道歉，而且表示要送她一盒高档化妆品以示歉意。成功的反击不仅帮 Lucy 填补了情感赤字，还给她带来了物质利益，Lucy 解释说："男人很贱的，他们觉得太容易得到了，就没有兴趣了。"

除此之外，Lucy 还要求男友对她保持忠诚，不能约会其他女性，只要发现他有勾搭女生的蛛丝马迹，她就会抗议。一次，男友来广州找她。其间，一个深圳女人给他打了很多通电话，发了很多短信。Lucy 怀疑两人有瓜葛，于是生气地对她男友说，如果他爱她，那就不要和其他女人通电话。尽管男友不情愿，但为了证明他的忠诚和体贴，还是照做了。

在与我分享了击退潜在竞争者的经验后，Lucy 接着说："我不是因为我喜欢他而生气，而是我觉得我配他多了，还要啃他（忍受他），他还扣女（泡妞）。" Lucy 将男友对她的忠诚视作自我价值的一种确认：作为年轻漂亮的都市女性，她在亲密关系市场中具有较高价值，爱和忠诚是亲密关系中地位较低的一方给予地位较高的一方的回报。与此同时，积极要求男友在情感和性关系上的忠诚，也是 Lucy 将自己所处的关系与交易性性关系区分开来的重要方式，帮助她维护自己在这段不受法律和社会习俗保护的亲密关系中的权利和地位。

在受访的广州本地女性中，Lucy 最善于在亲密关系中争取经济和情感"利益"，对待亲密关系也最"理性计算"。这很大程度上是因为 Lucy 对男友的浪漫情感的投入是最少的。一般而言，在亲密关系中投入真情越少的二奶越有可能去讨价还价。冷漠和疏离使她们具备了某种有利条件，可以将这段关系视为一场公平交易的游戏。如果在情感上投入较多，则更容易在谈判中失去自己的底牌。比如，Lucy 的朋友 Jamie 很喜欢她的男友，希望这段关系可以长久。Jamie 对男友的话言听计从，包括很多在 Lucy 和其他朋友看来"过分"的要求。比如，Jamie 在外和朋友聚会，男友打电话找她陪，Jamie 就会抛下朋友们立马离开。男友有一次说她素颜不好看，Jamie 之后就坚持在男友睡着后卸妆，在他醒来前化好妆。尽管 Jamie 会和男友就家用和礼物讨价还价，也会因男友同其他女人乱搞而争执，但与 Lucy 相比，她更容易妥协。Jamie 的好友 Betty 这样评论：

> Jamie 太在乎郑猛（Jamie 的男友）了，什么都以他为中心。Jamie 是我见过的最顺从的女人了。他们两人吵架，明明是郑猛的错，Jamie 还会过去跟他道歉。越是这样，郑猛越不把她当回事儿，对她越来越差。

其他受访女性对男伴的情感依恋程度不尽相同，但都会采取各种议价策略，比如，每月的生活费，"特殊的日子"的礼物，男友陪伴她们的时间和情感付出。相较于包养关系中的外来打工妹，这些城市女性在亲密关系中将自身的利益最大化时表现得更为积极，也更富于策略。她们在亲密关系中所具有的谈判优势，很大一部分来自她们在城市中拥有广泛的社会关系网络。进行积极的谈判——包括争吵和冷战——有可能对亲密关系带来一定的破坏性和风险；而有能力进行谈判并占据主动和优势，则与这些女性所处的社会支持网络紧密相关。

社会网络与亲密关系中的自我维系

Lucy 的男友通常一个月只过来两个周末，因此 Lucy 有大把的时间自己打发。她的一天通常是这样度过的：睡到中午，在家随便吃个午饭，比如下碗方便面，然后打一圈电话，约上几个闺蜜一起购物或美容，之后去咖啡店小坐聊天。傍晚和朋友们相约晚饭，晚饭后，再和另一群朋友去酒吧或卡拉 OK。

在与闺蜜们的下午聚会中，她们分享最新的时尚资讯和美容小诀窍。比如，一个朋友告诉 Lucy，用蓝色睫毛膏可以使眼睛看起来更明亮动人。如果有人刚去过日本或香港的话，会分享她们的斩获和了解到的最新潮流。她们还互相交流"如何对付男人"的经验和技巧，比如，如何保持对男人的吸引力，如何让男人出钱买她们想要的昂贵商品，男人的某些行为代表什么，等等。

除了交流各种经验诀窍，Lucy 还从女友们那里得到情感支持。比如，她和男友吵架、受气的时候，她会打电话给最好的朋友寻求安慰。此外，她的不少女友——尤其是那些同样在经济上依赖男人的朋友——也往往需要对她们的男友付出情感劳动，忍气吞声或刻意讨好。她们聚在一起时，会纷纷抱怨她们的男友，为彼此遭受到的"不公正"待遇鸣不平。她们会用贬损的语言来称呼她们的男友，比如骂他"傻閪（hāi）"（类似于"白痴"），抖搂男友的丑事，炫耀自己背着他"扣仔"（找其他男人），以此宣示对男友的某种象征性胜利。通过这种"集体泄愤"的仪式，Lucy 释放了她在情感上不对等的亲密关系中所遭受的某些苦痛和委屈。

　　除了闺蜜圈，Lucy 在广州还有很多朋友和熟人，其中大部分是广州本地人。她每天出入各种咖啡馆、餐厅、酒吧和夜总会，进一步拓展了她的社交圈。这些外围的关系圈并不清楚她的"二奶"身份，但为她的生存提供了重要保障。当她与男友吵架后，男友暂时中断经济供给时，她可以向朋友们借钱或通过朋友介绍找到工作来维持生活。[①]

　　其他六位广州本地女性也都有类似的支持网络。和 Lucy 一样，她们通常都有一群闺蜜和从小建立起来的社交圈子，这是她们获得物质和情感支持的重要来源。住在广州市郊的四位离异女性在十几岁时便成了朋友，十多年来一直保持着联系，相互支持。在我调研期间，这四位女性都由已婚男人供养。她们几乎每天待在一起，搓麻将、购物、吃饭、泡吧、去 KTV 唱歌，还一起外出旅游。阿菲每天醒来的第一件事就是打电话给阿雪，讨论当天的安排。当她为同男友的关系感到烦恼时，她也会打电话给其他三人寻求抚慰。她说："跟她们说也没什么用，但心里感觉好点。"

　　这些住在广州市郊的女人们，也都受益于一个由亲戚和熟人所构成的社会关系网。阿婉是这四个二奶中经济来源最不稳定的一个。她的男友是当地一家建筑公司的工头，由于只有在工程结束后才能拿钱，有时他会没钱给阿婉。在缺钱的时候，阿婉就请亲戚朋友给她介绍工作，在男友拿到钱后，她再把工作辞掉。我在广州的那一年中，阿婉做过两份临时工，每份工作她都没干满两个月。第一份工作是在她朋友开的夜总会里当部长，第二份则是她阿姨介绍的，在一家服装店做收银员。

----

① Lucy 很少找家里要钱。作为离异家庭的孩子，她的父母各自有了新的家庭，她感到自己不属于这两个家庭中的任何一个。她还表示，自己成年以后还依赖父母，是件羞耻的事儿，她不希望家人为她担心。

广州本地女性身处的社会关系网络给她们带来了应急的物质资源以及情感和精神上的支持，帮助她们度过亲密关系中的"不稳定期"。这些女性所积累的社会资本也使她们——至少在一定程度上——能够在某个时刻决定是否中断这段关系。

"将来的那个人"

一天晚上，我陪 Lucy 回公寓取她给我推荐的张小娴的书。Lucy 认为这位香港作家对两性关系有着深刻的洞见，对我的研究有启发。在开门前，她提醒我房间很乱，因为她已经有好几天没有打扫了。确实，她的公寓不算整洁，客厅的沙发上堆满了衣服，她把衣服推到一边，给我腾出坐的地方，然后快速清理了茶几上一个吃剩的面碗。"中午吃的，我懒得收拾，"她有些不好意思地解释道，"你是个女的，所以被你看见也没关系。"

她给我拿来了张小娴的书，大声地朗读她最喜欢的一篇文章《将来的那个人》：

> 想知道自己是否爱一个人，只要想象一下，当他年老，卧病在床的时候，你愿意照顾他吗？想到他老病的时候，你已经有些沮丧，那么，他绝不是能够跟你厮守的人……当你年老，病在床上的时候，你也愿意由他来照顾你吗？只要他在，你就放心了。那么，他是你寻觅的人。你只希望他是来探病的朋友，而不是夜里抱你上厕所的人呢，那么，你要找的人，不是他。在最软弱的时候，你会想念的那个人；在那个人最软弱的时候，你会怜惜的，你们才是彼此将来的那个人。

Lucy 似乎就是用这篇文章的观点来检视她对男人的真实感受

的。她向我袒露了之前有一位条件不错的追求者，而且单身，"我不喜欢他，就是拿他解闷的，一起玩。但是他要是生病了，我肯定马上就会逃开；如果我老了，我也不会愿意是他抱我去上厕所。所以我觉得自己肯定不喜欢他，后来就分手了"。

然后，她向我展示了一套全新的 SK-II 化妆品，用精致的酒红色包装纸包着，这是上周在朋友的派对上遇到的一位男士送她的礼物。这位男士对她一见钟情，第二天就邀她出去吃饭，并在第一次约会后送了这份礼物给她。"你喜欢他吗？"我问她。"有一点，"Lucy回答道，"他很成熟，也很大方，但我不知道他是不是就是玩玩。"

话还没说完，她的手机响了，是那位男士发来的短信，请她去做 SPA！要不要去？Lucy 犹豫了。她想要让这段关系升温，但又不希望这个男人认为她很贱。"太容易到手了，男人就不珍惜。"她感叹道。

Lucy，26 岁了，家人已经开始催促她快点结婚安定下来。她向家人隐瞒了她同香港男人的关系，只是告诉他们交了一个男朋友，但不够结婚对象的条件。为了安抚家人，也避免嫁不出去，Lucy 给自己定了一个目标，在 28 岁之前结婚。过去的一年中，她在朋友的派对上遇到过不少追求者，但没有一个修成正果。

除了朋友介绍，Lucy 还上交友网站寻觅结婚对象。为了更有吸引力，她在注册时把年龄改小了两岁。作为一个漂亮女人，Lucy 收到了很多男性的询问和关注，从中等收入的白领到自己开公司的老板。然而，Lucy 却陷入了某种困境：她感到很难找到一个既认真对她又有良好经济基础的男人。对一些认真的追求者，Lucy 往往不满意他们的经济实力。讽刺的是，她对那些有钱的追求者常常抱着不信任的态度。例如，Lucy 如此评价她约会过的一个 35 岁、在广州开公司的男人："条件这么好的男人怎么还单身呢？他肯定和我男朋友一样就是玩玩的。"她的包养经历让她对男人的意图疑虑重重。

这些成为二奶的广州本地女性对于未来有着不同打算，但绝大多数都想找个好男人结婚。Jamie 是唯一的例外。她希望男友离婚，然后娶她，尽管她不知道何时愿望能够实现。为了维持她的地位，她计划怀孕。她相信孩子可以稳固她同男友的关系；将来，即使男友不再对她感兴趣，他还是会承担起父亲的责任。其余五位广州本地女性和 Lucy 一样，都认为目前的关系只是权宜之计。尽管她们中大多对男友"有感情"，但并没有打算"跟定他"。阿菲和阿雪告诉我，她们正在考虑参加一种承诺 100% 成功的相亲活动，但过高的服务费——注册费 1000 元，之后每次相亲另收费——让她们踌躇不定。除 Lucy 以外，其他的广州本地女性交往的都是广州本地男性，因此她们无法像 Lucy 那样自由地去约会潜在的结婚对象。但和 Lucy 一样，她们并没有完全被包养关系束缚住，而是利用丰富的夜生活和社会网络，结识新的异性，找寻结婚可能。知情的朋友告诉我，即使是痴情的 Jamie，在和男友认识的头两年也曾不时约会其他男人。这正是大多数我访谈过的外地打工妹无法享有的优势。

小　结

当消费日益成为社会生活、身份建构和阶层分化的核心要素，包养关系为一部分中下层的城市女性提供了实践现代都市女性身份的机会，帮助她们继续原有的社会生活，维持其在特定社会网络中的成员身份，获得（对她们而言）有意义的社会群体的认可和归属感。市场改革以来，在经济高速发展的同时，中国从一个收入分配较平等的国度转变为一个贫富差距日益扩大的社会。快速变化的社会分化不仅是纸上的数字，更是人们生活中实实在在的体验，使得人们对自身地位产生了高度不确定和不安全感。对很多个体而言，跟上主流推崇的生活方式，维系与原有社会群体的连接，与其说是为了获得向上流动，不如说是为了避免遭遇向下流动的尴尬境地。

对于缺乏市场机会的城市女性而言，亲密关系成为她们建构有意义的性别身份、维持社会阶层位置的重要途径。身体化、本质化取向的性别观念的兴起，将对男性的性吸引视为女性气质的核心成分，强化了异性恋亲密关系对女性的重要性。与此同时，当地性别文化对亲密关系中男性供养女性的推崇，为婚外包养关系提供了某种文化合法性；一些女性在难以找到合适结婚对象时将已婚男性的供养视为一种过渡性策略。

对包养关系中的城市女性而言，男人给予她们的金钱和物质本身具有重要的情感意义。男伴提供的共同居所代表了一种稳定关系的承诺，每月的供给是对她们的生活照顾，礼物则是表达爱意的重要符号。与此同时，她们也对男性在亲密关系中的情感付出有所要求。尽管一些女性有更强烈的将包养关系工具化和去感情化的倾向，但她们无一例外地积极寻求经济供给与情感付出之间的相对平衡。而与资源丰富的本地社会网络的连接，也为她们在亲密关系中争取更多的主动权和议价能力提供了可能。

成为"二奶"不受法律保护，并备受主流道德舆论谴责。然而，对于一些缺乏市场机会的城市女性而言，借助与已婚男性的亲密关系，她们能避免在巨大的社会结构变革中陷入更为难忍的生存体验——在经济高速发展的社会中落在人后，被熟悉的朋友逐渐抛弃，赤裸裸地向下流动，缺乏女性魅力，鲜有男人问津。

第三章 "一半被钱感动，一半被人感动"：
亲密关系与向上流动

沈家村是广州北部一个典型的"城中村"。2005 年我调研的时候，村里已看不到农田，所有村民都成了靠租金过活的房东。村中已有 80 多栋公寓楼，还有不少正在建。这些公寓楼一般 6 ～ 7 层，每层大约 10 套公寓。楼房的外墙贴着肉色瓷砖，楼与楼相互挨着，楼间距仅 1 米多，戏称"握手楼"。村民搬迁到了城里，或者自己住在顶楼，把下面的楼层租或卖给外地打工者。① 公寓楼的底层通常是十几平方米的单间，临街一面装上宽大的金属卷帘门，商住两用，当地叫作"档口"。那些位置好、临近主要街道的档口会被用来开小卖部、发廊和饭馆，而小巷里的档口则不少做成麻将或棋牌室，供邻居们休闲娱乐。

阿英带着上幼儿园的女儿住在临街的档口。十几平方米的空间用个大衣柜隔成两半：后半部分是母女俩的日常起居场所，一

---

① 知情人透露，通常一个家庭拥有一栋楼，一些富有的家庭拥有两到三栋。靠着租金，他们足以在广州过上体面甚至富裕的生活。一些村民还住在村里，但有不少已经搬出了村子，在广州市里一些中高档小区购置了房产。

张大床、一个写字台，侧面是灶台、可折叠餐桌和女儿看书画画的小桌子；前半部分白天搭起桌子让邻居们过来打牌打麻将，到了深夜租给住二楼的男人停他的面包车，一个月收 150 元。除此之外，她还干手工活、当小时工、做中介给人介绍房子。"为了赚钱我什么事都搞，"她说，"我看到路边的塑料瓶我也去捡，别人笑话我，我说，我不偷不抢靠自己。"不过这些收入都是小钱，用她的话说，也就挣个吃饭钱，她最主要的收入来自她在村里的房产，每个月能收 1150 块的租金。

33 岁的阿英是村里有名的"厉害女人"，笑声爽朗，骂起人来也毫不含糊。她老家在西北农村，17 岁从家里跑出来打工，目前是沈家村少数有自己房产的外地人。她在 1997 年花了 7 万元买了一套两室一厅，1999 年又花了 17 万元买了档口和三个单间。买房子的钱有几万元是她打工和开发廊时攒下来的，有几万元是找亲戚朋友借的，但最主要的是跟一个香港"老头"（阿英如此称呼他）同居一年攒下的十多万元。不同于大部分受访者在讲述自己的经历时回避"包养"一词，阿英坦率地将和"老头"在一起的过往叫作"包养"①。时隔多年，阿英谈起往事依旧心情复杂，她一方面"痛恨那段日子"；另一方面又"很感激"，"因为没有那个时候，就没有我的现在"。

本章将以阿英的故事为主线，讲述一部分进入包养关系的农村打工妹的经历，探讨亲密关系与社会流动之间的关系，以及嵌入其中的性别与城乡等社会结构文化因素对女性命运的形塑。有

---

① 很多受访者回避用"包养"这个词，这很大程度上与"包养"一词的负面含义相关。尽管人们对包养的理解不同，但受访者一般认为如果为了钱进入这些关系才是包养，而自己主要不是为了钱。

学者指出，实行市场经济以来，城乡关系发生了巨大的改变。[①]
国家的现代化发展计划要求中国摆脱自给自足的状态，转而融入
全球化的发展。因此，城市无论从物质上还是从象征意义上都成
为市场主导的现代化的中心。国家投资在很大程度上倾向于城市，
农村在国家投资中所占的份额骤减（Chan，1994；Lee，2000；
Yan，2003）。农村不仅在经济上处于相对劣势的地位，而且也失
去了作为社会主义道德教育课堂的象征意义。当城市作为现代文
明和现代礼仪的中心脱胎换骨之时，农村在公共话语中被塑造成
为"落后的"、"传统的"，或如严海蓉所说的"幽灵般的他者"。
农村生活难以提供农民建构正面而有意义的自我认同所需要的符
号资源（Yan，2003）。

同数百万进城打工的姐妹一样，我所访谈的农村进城女性希
望通过乡城流动获得经济和社会双重意义上的向上流动。她们希
望在城市打工挣钱以提高自己和家人的生活水平，同时获得自
主、冒险、自我发展以及有意义的现代身份（谭深，1997；Jacka
& Gaetano，2004；Jacka，2006）。在进入包养关系之前，她们都
曾在城市打工，其中4人在工厂打工，其余5人在服务业工作，
如在餐馆、理发店和卡拉 OK 厅当服务员。她们大多去过不同
的城市，希望获得更好的工作和生活机会。她们中没有人能够

---

① 中国在 20 世纪 50 年代开始实施的户籍制度划出了一条社会差异的制度化分
　　界线，确立了城市和农村间的结构性不平等。在计划经济时期，由于整体性
　　的物质短缺，城乡之间存在着经济上的不平等，但差距并没有那么大。在一
　　些特别时期，物质短缺对需要凭票据购买生计物资的城市居民的影响更大，
　　住在农村从事农业生产的农民反而更容易生存下来（Solinger，1999）。此外，
　　农村还占据着某种"意识形态高地"，代表了"艰苦朴素"这一国家提倡的
　　核心价值，农村具有某种当地人可以建构有意义的身份认同的象征意义
　　（Chan，1994；Yan，2003）。

与经济条件良好的城市单身男性发展出有结婚可能的恋爱关系，用她们的话说："本地人不会娶外地人的。"她们在城市打工生活多年后，大多难以在城市获得安稳的生活。然而，一些女性不甘心如此，希望通过个人努力改变自身的命运，阿英便是其中一个。

走出大山的奋斗

阿英从小喜欢看书，文章写得不错，深得语文老师的喜爱，但"英语和数学太差了"，没有希望考上大学，初中最后一学期便辍学在家放羊。那时她十七岁，在老家到了说婆家的年龄，但好强的阿英不想一直待在大山里。她说，"我有同学在外地（打工），每个月四五十块钱，自己吃吃喝喝，打扮得很漂亮。我想，为什么他们能这样我不能，我也要赚钱，我要过得比他们好！"

不久，家里给她介绍了个对象，男方愿意给她介绍县城里的工作，"冲那份工作"，阿英答应了，男方比他大两岁，看着也算顺眼，但两家在"先结婚还是先介绍工作"的问题上发生了分歧。男方家长要求先结婚再去工作，怕给介绍了城里的工作儿媳妇就跑了。女方家长要求先工作再结婚，怕对方介绍工作只是个幌子。阿英还记得母亲当时的话，"你不结婚你还有希望，你一结婚你就没希望了，他不让你上班你就不能上，结了婚你就不能离婚，别人看笑话，爸爸妈妈也没脸啊"。婚事告吹后，阿英提出自己出去打工，家里反对，倔强的她偷偷地跑了出来。回忆当时的情形，她说：

山里面的人没有文化，我怎么说也算（快）初中毕业，也是一个高文化的人了。那时候在学校我真的很喜欢看书，看了好多书，书上好多东西我都可以记下来，所以我想我不能一辈子埋没在大山里，我一定要出去看看外面的世界，人活一辈子不容易。

揣着几百块钱离家出走后，阿英辗转去了新疆、甘肃和河南，深深体会到"没钱的苦"：

那个时候在新疆，一个馒头一毛四，我一天就五个馒头，没有别的。我住在那个旅馆没钱了，人家把我赶出来，坐在楼梯上，我无路可去。有一个男的过来看我没饭吃，说带我去吃面，去吃牛肉面，我在家里没吃过，就跟他去了。但我后来感觉不对劲，我就说不去了，坐在地上。他来拉我、打我，把我脸都打肿了，后来因为我在那个招待所住了好几天，里面有人认识我，看到那个人打我，就把我拉过去，帮我把房费补了。

第二次没钱，是我后来在（河南）上班（当餐厅服务员）的时候，老板发不出工资了，70块钱的工资他只给了5块钱。大姨妈来了，我拿收据垫着，结果粘在上面，拿不下来啊，很痛啊。自己拉尿，把它冲下来，也冲不下来，很痛啊，谁也体会不到这种感觉，我跟别人说都不相信。天冷了，冻得要死，没什么衣服穿，一个月干（活）下来也没一件衣服，真不知道那些日子是怎么熬过去的，真的是一分钱都没有。所以我现在把钱看得比较重，别人都笑话我，我说管你的，我自己有钱，我不缺吃不缺穿……

辛酸的日子也有甜蜜，她在河南当餐厅服务员的时候遇到了初恋——小食店老板小乐。在阿英眼里，小乐不仅高大英俊，"比周润发还要帅一点"，而且温柔体贴。阿英满脸笑意地说道：

> 我跟他一起吃饭，他都会把鱼刺拨掉给我，看我穿的鞋子不好，他说你去买个鞋子吧，天冷了，你去买个衣服吧。他一次出去，给我买个大衣，一百多，他也舍得买。他要是包里有50块，绝对舍得花45块，只留一包烟钱。有什么好吃的，他也会给我留一点。

两人情投意合，"说说话就觉得心里很舒服"。阿英为他两次打胎，第三次怀孕时，阿英拒绝打胎，小乐告诉她自己已经结婚，妻子是当地有黑帮背景的一个女子，生了一个儿子。他爱阿英，但他怕离婚后妻子报复家人。阿英痛苦而绝望，第三次打胎之后离开了河南。经过朋友的介绍，她参加了一家深圳公司的"公关小姐"招聘，到了深圳后她发现原来是做"小姐"。她与同行的几个女孩集体辞职，在其中一人老乡的帮助下到了广州。阿英在一家只有五个包房和一间大厅的卡拉OK厅当上了服务员，底薪800元，外加小费，每个月能挣2000多元，日子似乎有了盼头。

有钱男人的"善意"与打工妹的"报恩"

在广州工作几个月后，这个不施脂粉、爱笑、走路蹦蹦跳跳的23岁姑娘吸引了一个香港花甲商人的注意。"老头"（阿英这么称呼他）每周都过来找阿英，约她吃饭、喝茶，并给她从香港带各种礼物，从昂贵的首饰、手表、套装到日用洗发水、牙膏。他也经常带些小礼物送给阿英的女朋友——和她一起工作的小姐和服务员们。阿英一开始不好意思从老头那里收礼物，"觉得有点欠他的"，但女朋友们一直帮老头说好话，她们开导阿英："他就是图你一个年轻，图你一个青春，这些人的钱不拿白不拿，你拿了自己存下来也好。"

真正令阿英感动的是，老头好像乐于"付出"，每次过来见一见她，请她吃个饭，就走了，从来没有提过什么要求。一次，阿英拿到了1300元的提成，想着"我拿了他那么多东西，也该买个东西给他"，她花了280元买了一块玉送给老头。老头大为感动，感叹："从来没有女孩子送东西给我，只有我送东西给女孩子。"

老头看到阿英和其他13个打工妹挤在一间宿舍里，像个"猪圈"，提议给她租房子。阿英起先不愿意，老头劝说租房后阿英也可以接父母兄弟姐妹过来小住。阿英正犹豫着，担心租了房就意味着要跟着老头了，一个女朋友劝导她："反正你又不是处女了，你怕什么？他只要给钱，他给钱少你就不用跟他睡了。"她主动帮阿英在广州市区找了一间两房一厅，月租2300元，第二天老头过来买了家具，花了一万多，并给了阿英的朋友1000元作为酬谢。

当天晚上，阿英留下了老头，向他坦白了之前恋爱和堕胎的经历，表示如果对方不能接受的话她会马上离开。老头的反应很平静，阿英回忆道：

> 他说，我不怪你，每个人都有一个经历，不然你不会这么大了一个人背井离乡来到广州。他马上就去拿了8000块给我，让我拿去给爸爸妈妈花，存起来也可以。他说我看你这个女孩子挺单纯的，我也想帮你，我年纪也这么大了，看你那么年轻活泼，笑得那么开心，跟你在一起我就感觉年轻

一点，青春一点。他就是找这种感觉，他在家里也挺苦闷，跟现在老婆的感情也不怎么好。反正说得我很感动，我都掉眼泪了，那天晚上我就跟他睡了。

虽然答应和老头在一起，但阿英心里很矛盾：

> 那个晚上我也没睡着，好像他身上有一股味，很难闻，又很肥，我感觉很恶心，很后悔，但是已经花了人家这么多钱了，他又对我这么好，我就过意不去。我心里接受不了那个，心里想的还是我原来那个男朋友，他要是知道肯定接受不了的。那个晚上我心情很复杂。那时候男朋友想着也没有结果了，分手了。有一些出于感激，一些出于无奈，还有就是有钱拿，他在我身上花了那么多钱，碰也没碰我一下，好像很过意不去的感觉，但是又有点觉得不值得。那些女孩子说：你早晚要嫁人的，做一次跟做十次的感觉是一样的。拿了钱，以后回去找个年轻的、漂亮的。我当时就是想着赚几千块回家嫁人。

老头喜欢阿英的单纯与可爱，阿英的活力让他重焕青春，而阿英的纯朴也让他享受"自愿给予"的满足感，阿英表示："什么都是他自愿给我，我从来没有提过你给我多少钱啊，从来没有。"阿英也问过老头为什么选她，老头回答说：

> 我找什么样的女孩子找不到，你并不出色，我跟你在一起就是觉得你很单纯，我没有什么负担，我很开心，你也没什么要求。我要找比你漂亮的女孩子，卡拉 OK 里都有，比你漂亮，比你气质好，比你有风情的，我什么样的找不到。她们不就是要钱吗，一千不行两千，我什么样的女人找不

到，我为什么要找你啊。就是觉得你很单纯你很可爱，跟你在一起我不用顾虑，我不用担心你偷我的东西，抢我的东西。①

两人在一起后不久，老头就不让阿英上班了，认为卡拉OK厅人杂环境不好。阿英觉得拿人家的手短，就辞掉了工作。老头一个星期过来一次，每次来都会给她几千块乃至上万块，平时也常打电话嘘寒问暖，让她买鱼买肉买好吃的，不要省钱。

起初的两个月，阿英在家觉得无聊压抑，很不开心，后来慢慢想开了，"反正已经这样了"，她开始安排自己的时间，爱热闹的她经常叫上以前的女朋友一起吃饭、去公园玩或者在家打麻将，吃喝门票都是阿英埋单。阿英说："那个时候她们个个都挺羡慕我，让我给她们介绍。"但老头很不喜欢阿英跟卡拉OK厅的女孩子玩，担心她们把阿英带坏了。他让阿英有时间学点东西，以后也可以找体面的工作。阿英学了一阵电脑，但没坚持下去，之后又报了个美容班学习美容。回忆起那段日子，阿英依旧感慨：

> 我被他感动了，我是一半被他的钱感动了，一半被他的人感动了。他一拿就是那么多钱，我说你怎么不怕我拿你的钱跑掉呢？他说你跑就跑了，就当我做个好事，你真的想回去了，就不要乱跑，你就拿着钱回去，不够我再拿两万给你，回去给你爸爸妈妈，或者找个男人嫁了都可以。他越是这样说，我越是心里面过意不去。

---

① 老头试探过阿英一次，故意把一块贵重的玉坠留在酒店房间，让阿英去取，阿英很快取来交还给了老头，老头非常满意。

其实到现在吧，我在心里还是感激他的，他真是一个好人。如果有一天他老了，他痴呆了，他残废了，如果我有这个能力，我情愿去扶养他，因为好像他真的是帮了我，他也点（拨）了我很多东西，教了我很多东西，怎么做人啊，怎么帮助人啊，人情世故啊，教会了我很多东西。

被困扰的亲密关系

在阿英和她女友们的眼里，男人图的就是女人的身体。当接受了老头那么多的钱财，阿英无以回报，唯有献出自己的身体。然而在性生活方面，两人却不太和谐。阿英说："试过几次，不行。后来好像例行公事一样，他回来睡个觉，他根本就是没有性功能，他根本做不了的，搂一下你抱一下你他就走了，反正钱照样给你。"阿英甚至问过老头："你又没有这个功能，你为什么要花这个钱？"他的回答是找"心理平衡"，他的朋友个个都在广东养一个，他为什么不能养一个，"反正钱还不是赚来花的"。

对老头的回答，阿英如此理解："他就是找一种自我满足、自我骄傲那种感觉，做给别人看的——这个老头很有钱，很有本事，在广州找一个年轻漂亮的，（我）虽然不算漂亮，但是我的身材算好的。"但老头和她之间的关系却不止于身体感受或符号意义上的性满足，还夹杂着某种道德化的情感。阿英说：

> 他觉得我家里很困难，想做个好人，想帮我一把……很复杂的感情吧，说不清。他也跟我说过：你好好找个人嫁吧，找好了带来给我看一下，我送家具给你，我送钱给你。我不愿意你学坏了，不愿意你跟她们一样，将来没有一个好

归宿。他也会好像很善良地跟我说这些话。他的心里也很矛盾，他又想留在我身边，又想我过得好一点，又想我过正常的生活。

阿英对老头的善意心存感激，在心里愿意把他当作一个"好心的长辈"。为了让老头满意，阿英也尽量顺着老头的心意来收拾家里，比如老头爱干净，阿英就趴在地上用毛巾擦地，床单床罩一个礼拜换一次。但在内心深处，阿英始终没有办法把他当作亲密爱人，这是再多钱也无法逾越的屏障。阿英回忆道：

> 有一次他哄我叫他老公，我叫不出来。他拿 5000 块放在那里我叫不出来，他押 10000 块在那里我还是叫不出来，就是叫不出来，就是叫不出来。叫老头可以，不高兴的时候叫他老王八蛋，老公两个字就是叫不出来。

渐渐地，跟老头身体上的亲热，即便只有搂搂抱抱也让阿英觉得难以忍受。她解释说：

> 本来呢，也不是很喜欢他，他很肥啊，身上有股味啊，他要不回来打个电话也无所谓，他只要一回来，要跟他上床我就很反感。经常在一起，只要睡到床上我就要发火，很不耐烦这种感觉，不耐烦伺候他，跟他吃饭说话都可以，我就是不愿意跟他睡在一个床上。

阿英也担心邻居们的闲言碎语。她很抗拒在公共场合与老头的亲昵举动，两人之间经常为此闹得不开心。比如，一起出门，老头想搂阿英的肩膀，阿英不让，老头生气，说阿英嫌他老不愿意跟他一起走。阿英跟我解释道：

我也确实嫌他老，要是出了我住的这一片，他要揽就让他揽，但是在这里，他老要搂着我，好像很招摇的样子，我就觉得很别扭啊，就怕熟人看到了不好，自己好像有点爱面子。房东啊，邻居啊，我怕人家看不起我。其实他们都知道，虽然表面谁也不说，背后闲话肯定很多，说我看上那老头的钱。我就觉得很别扭，好像有种出卖自己的感觉。

两人见面时开始出现频繁的不愉快，但阿英还得照顾老头的感受。阿英形容当时的情形："我发火他就不吭声，生气，起来要走，我还要去送他。"阿英对老头的排斥也增加了老头的疑心。为了方便联系，老头给阿英买了 BP 机，但很快又不准她佩带，怕她用来"扣仔"，并开始各种试探，阿英如此描述：

> 有一次他说我今天回家了，找不到你，我说你又不让我带 call（BP）机，当然找不到我了。我那天和朋友出去玩了，晚上又给别人过生日。他说他回来了，家里乱七八糟的，他说你又带人回来了？我说没有，他说你绝对带人回来了，我今天回家找不到你，脚印有大的有小的，我说去你妈的，你怀疑我那就算了。他挂电话我也挂电话。后来他跟我说没有回去是试我的，我就骂他神经病、混蛋。

一来二去，阿英待在家里就心情烦躁，可每次和朋友外出又会引发老头的强烈不满。两人激烈地吵过几次，阿英搬离了老头租的公寓。几天后老头派人找到了她，不计前嫌地关心她，给她钱，阿英又搬回了那个公寓。为了留住阿英，老头提议跟阿英结婚——只要阿英怀孕了，他就和老婆分手，跟阿英结婚，给她买个楼，给孩子存上几十万元，保障她的后半辈子。面对这样的承诺，阿英也曾心动，但两人的性生活依旧不顺利，阿英一直没怀上孩子。老头提议阿英搬到离香港更近的深圳，他给阿英买个房子，专心陪她半年以便受孕，但阿英却动摇了。阿英解释说：

> 他说女人怀孕了就没野心了。前半辈子我伺候他，后半辈子我就享福了。我也不知道为什么，我就不愿意去，我觉得成天待在家里像坐牢一样的。好像他时时都在监控你，不让你交朋友，不让你出去玩，什么也不让你做。待在家里很无聊，很闷的，到深圳我更没有朋友了，连个说话的人都没有。

两人之间的矛盾进一步升级，相识之初基于恩情往来的信任与温柔也渐渐消耗殆尽，曾经表示关心的电话问候也变成充满疑心的查岗。阿英愤愤地说：

> 他上午十点打个电话，十二点打个电话，下午三点又打了，五点钟打了，晚上十点钟又打了，老是不定时来查你在不在家……他老试你，拐弯抹角试你，有没有在外面怎么样……我就特别反感，反正你不放心我，你不信任我，我没有背叛你。我是喜欢交朋友，但是我没有跟别人上床，连搂一下抱一下也没有，但是他不信任我，我也很反感他。

老头觉得阿英变了，而阿英对老头的反感也与日俱增。

> 我真的不喜欢他，每次面对他，我在想我的男朋友那么年轻那么漂亮，现在对着你这么个老头子，你还这么对我。你是有钱，一开始我真的是被他的钱感动了，收买了，后来觉得，钱没那么重要，我年轻我可以去赚钱。那时候真的很

生气，他给我钱让我去买房子，我都不愿意要，好像我都不需要那么多钱。好像有一两万块钱我就很知足了。我是女的，要那么多钱干吗，我可以嫁个老公，可以养家，我自己也可以赚钱。我不愿意依赖他，很没有安全感的，没有着落感，哪天你找了其他的女的，不要我了，我还不是一个人？

那时候我跟别人也没有关系。但在外面跟谁聊天都开心，回到家一面对他我就开心不起来了。那时候觉得有那个钱已经不重要了，我还是要那个自由。我不要钱我要自由，开心一点，那时候守了一个老头，我在想我半辈子守着一个老头我干什么？他的朋友我一个都没见过，全是听他说的，我觉得一点安全感都没有。

又一次，阿英和老头发生了激烈冲突，阿英再也压不住心头的怨恨与不满，劈头盖脸地大骂一通：

我说你老不死，你老王八蛋，他说我不会死的，我长命百岁，我说你三年之内一定死的，你不死我到你那把你砍了，他说你找不到我，我说我找得到你，我知道你的地址，知道你的电话，我到你那把你砍了。

老头挂断了电话。之后一个月两人没有任何联系。阿英回家待了两个月又回到广州。后来她拨过一次老头的电话，电话那头已是空号。

未婚妈妈的骄傲与哀愁

离开老头后，学过点美容的阿英经过朋友介绍，在一家发廊找到了做美容的工作，底薪1200元外加提成。阿英过得还挺开心，"经济没那么宽裕，但心情好了，感觉不一样"。一年后，她用从老头给的钱里攒下的十来万，加上自己几年来打工赚的几万，又从亲戚朋友那里凑了点，先后在沈家村买了一套两室一厅，一个档口和三个单间，她在档口开了发廊，把其他的房子租了出去，成为最重要的经济收入。

跟老头分开后她也交往过几个男人，都是外地人：一个善于甜言蜜语的家装工，阿英嫌他没有固定收入不能给她稳定的生活；一个木讷可靠的保安，但缺乏共同语言，性生活也不和谐；一个老家介绍过来的，阿英觉得他没本事又爱炫耀。尽管他们死缠烂打，阿英还是毫不犹豫地打发了他们。阿英说：

> 说得难听点，跟老头那个时候就是出卖感情，出卖肉体，为了这些钱。我现在要是挑男的话，我还要看你长得好不好，有没有比我强，比我能干，比我能吃苦，是不是体贴，能过日子。我不需要你赚很多钱，一个月1000元、2000元就够了，只要你要能养活自己，不能等着伸手跟我要钱。

这期间，阿英遇到了小杨——被阿英视作自己"最后的爱"的男人。小杨来自湖北，在沈家村附近的民办医院工作。他比阿英小六岁，面容清秀，但个头不高，比阿英矮半头。两人情投意合，有说不完的话，又能彼此关心照顾。阿英回忆起当年的幸福时光，笑眯了眼：

> 他很体贴。那时候我经常腰痛，他就买了白酒给我擦，有时候还给我打消炎针，我头痛他就给我按按头，肩膀疼他就给我揉揉肩膀。有时候两个人像小孩一样，他说你指甲长

了，我说你给我剪吧，他说不剪，我说你剪不剪，不剪我就生气，他就手指甲脚指甲都给我剪了。晚上吃消夜，他趴在蚊帐里，我在档口里，问他饿不饿，他说饿了，我给他弄了个炒粉，他趴在床上，非要我吃第一口，我不吃他就不吃，他还喂给我吃，我一口他一口，很好玩。

但他们的恋情常遭到村里其他人的调侃，阿英悻悻地说：

> 他觉得跟我在一起压力很大。因为我有档口，开发廊，有房子，不管有没有钱，给人感觉是个老板娘。他什么都没有，没有钱，又是打工的，长得那么漂亮，那么矮，又比我小那么多。别人当他是小白脸，觉得我在养他，看不起他，他又不爱跟别人说。事实上他没有花我的钱，我也没有花他的钱，但是他觉得有压力。离开这个村子，我们就很自在，他就很开心，我们到了这个村子，他就不愿意跟我走在一起，怕被别人说闲话啊，阿英养的那个小白脸。他的朋友老说，小杨啊，你运气好啊，抱了一棵大菜！小杨啊，什么时候你也给我介绍一个啊？这样的话听多了他就心里不舒服。

同居3个月后阿英怀孕了。那时她已经28岁，经历过多次流产，很想生个孩子，尤其是和自己深爱的男人。阿英决定生下孩子，但她对未来充满担忧：

> 毕竟我大他六岁啊，女的大男的六岁不正常，男的大女的十岁八岁就很正常。我也没有信心守他一辈子，本来年龄就大那么多，一生孩子，就显得很憔悴，你的体力、思想、生活各方面，都力不从心啊，没有这个力气守得住他。他那么年轻那么帅，又不是很窝囊，也会讲话，他不去找别人，

别人也会找他。就像当初我跟那个老头在一起，他对我不放心，我对那个男孩子就不放心。我自己觉得没有安全感。没生小孩我还有这个精力体力去应付你。生了孩子以后，我还要照顾小孩，我没有这个精力去照顾你。女人一生小孩本来就没那么多精力了，你肯定留不住他了，他各方面都很旺盛的，过来的人都会这么说。我对前途一点信心都没有。但是这个话题太敏感了，我们也没有正面提过。

阿英怀孕 7 个月的时候，两人发生了激烈争执，小杨离开了怀孕的阿英，一去杳无音讯。阿英和知情的邻居们分析了几条小杨离开的原因，一方面年轻而没有经济基础的小杨没有做好结婚和当父亲的准备，也难以忍受外人对他"吃软饭"的评价；另一方面，作为家里的独生子，小杨的父母坚决不同意他和阿英结婚。此外，阿英在怀孕时的脾气比较暴躁，对胎儿十分重视，一度忽略了小杨的需求和感受。①

作为没有男人的单身母亲，阿英时时面对着邻居们当面的调侃和背后的指指点点，但阿英强悍地维护着自己的尊严：

> 我现在从来不在男人面前低三下四的，我不要求你给我钱，我可以自己养活自己，用自己的钱花得舒服、自在，拿人家的钱，要看人家的脸色。可能是那段经历改变了我的性格吧，跟那个老头在一起，他拿钱给我，总是那种高高在上，很骄傲的感觉，好像我是拿钱来买你的青春你的时间，

---

① 比如，阿英自述在怀孕以后，她就不再与小杨过性生活。"我就想着保护胎儿最重要，这么多年没有怀孕了，好不容易怀上一个。他那么年轻，欲望很强，躺在我身边，又不能做，压抑得很厉害。"

那个时候没有完全靠自己的想法。

人都是要为自己活的，不能老为钱活。你总要让自己活得理直气壮的是不是，自自在在的。有感情我愿意为你付出，没感情，付出到后来觉得不值得，对不对？为了两个臭钱，我不如活得自在一点。自己过得开心最好，过得不开心就滚蛋，我才不受这口气呢。别人说了为了女儿什么的，找个男人，我过得不开心，我都过不了了，我还顾着我女儿的感情。我女儿长大也会理解我的。你们这些人在背后笑话我没有男人，我没有男人怎么了，我靠我自己我也可以，买菜做饭洗衣服，你们做的我都做了，你们没做的我也做了，我养活我自己，养活我女儿。我比你们过得还好，我一周带我女儿去一次公园，一个月吃两次麦当劳，我还可以。你们不上班，靠老公养活，跟二奶也差不多了，每天还要看男人脸色，我每天腰板直直的，不用对谁低声下气的。

小 结

阿英与老头的关系非常符合大众对于"婚外包养"的刻板印象：年轻的打工妹跟着有钱的香港老头，老头提供她富足的生活和大笔的经济积累。甚至连阿英自己也套用人们对包养关系的看法来描述自己："出卖感情，出卖肉体。"对于有野心也有能力的阿英而言，她不屈服于在城乡、阶层和性别结构多种形塑下的个体命运，她逃婚、离家出走、拒绝做小姐，乃至后来与比自己年轻六岁的男人恋爱生子、不惮做未婚妈妈。她积极地努力地反抗着。然而，作为一个初中文化程度、只身来到城市的年轻农村女性，在城市扎根的可能性很小，而当包养关系作为一种机会出现在她面前时，阿英抓住了。通过包养关系所获得的物质财富，阿英实现了一定程度的向上流动，这种向上流动不仅是经济意义上的——她是少数在城市里拥有房产、经济稳定的外来者，同时她也成为自主自立的现代个体，改变了女性在婚恋关系中的被动性。她可以挺直腰板追求内心的情感和欲望，有资格挑选男人而不是单纯地等待被挑选。

对于外来的打工妹而言，她们处于性别与城乡的双重结构性制约之下。城乡关系中乡村的结构性劣势演化为她们在城市中就业的限制、受教育水平的差距、社会关系的断裂乃至身体资本的贬值。这不仅影响她们经济资本与社会地位的获得，也影响她们在亲密关系中的机会和位置。当合法的亲密关系，比如，通过与城市男性的婚姻而获得社会经济地位的向上流动难以实现时，与已婚男性的亲密关系成为一种替代选择。

然而，如果我们把包养关系仅理解为外来务工女性在有限条件下向上流动的可能，那么就忽视了亲密关系本身所包含的复杂性。在当代中国，婚姻、家庭和亲密关系越来越被建构为身体欲望和浪漫情感之所在，女性在进入和身处亲密关系时会不时审视自我的感受，赋予特定关系一定的关系命名和情感意义，并应用相应的情感原则来解释自己的行为，进而决定是否开始、维系或中断某种亲密关系。

如果仔细审视阿英进入包养关系的过程，不难发现，虽然物质资源带来的向上流动很关键，但是老头对她的关心、爱护和付出——理解、体贴的话、对阿英的境遇的同情、对阿英日常处世的关照和点拨，对阿英来说同样重要。很多阿英理解的关心是通过老头"舍得花钱"来表现，而这些钱财，正如社会学家 Viviana

Zelizer 所言，承载着丰富的社会和情感意义，甚至是情感表达的必要载体（Zelizer, 2007）。例如，老头给阿英的是用以建立和维系情感纽带的"礼物"，而非交易式的"预付款"或者"酬劳"；他给阿英的经济支持是出于"帮"的角度，是设身处地地为她考虑，所以阿英才会"被他的人感动"，觉得"他对我比我自己父母还好"。

而阿英进入包养关系，很大程度上也是进行情感回报，用她所理解的男人希望的也是她所拥有的有限的资本——身体——进行回报，这也不同于简单的性交易。正因如此，阿英可以接受与老头的包养关系，但是不可以接受"当小姐"。在她与老头的关系里，身体和金钱更像是载体，而进行交换的是情感——与浪漫爱情不同的是，这里更多的是恩情，以至于她在结束关系多年后，还会想着如果以后有机会的话向老头"报恩"。①

---

① 报恩逻辑在其他受访者身上也有体现，比如阿红，坦言她最初进入包养关系时，是看在钱的分上——对方允诺每个月提供她 5000 块钱。然而在交往了几个月以后，男方遭遇破产，陷入债务危机，她不仅没有离开他，而且竟然愿意去"当小姐"帮助男方还债。她解释说："我就是觉得他对我很好，我要做什么他都顺着我，我要吃什么他也都给我买，从来没有人对我这么好过……他现在有麻烦了，我应该报答他。"

第四章　"今天不知明天事"：
打工妹的情感困境

阿靓的档口是我在沈家村闲逛时常待的地方。26 岁的阿靓来自广西，打工时经别人介绍认识了现在的丈夫——来自河南的打工仔，一同搬到沈家村来住。两年前生下女儿后，阿靓盘下了临街的一个档口，想一边在家带孩子一边挣点钱。档口大约 15 平方米，内有一个卫生间，地上装了蹲便器，顶上有淋浴花洒，勉强能挤下一个大人和一个小孩。档口的后部是"生活空间"，放了一张床、一个茶几、一张小书桌，还搁了一张狭小的做饭桌。拉上帘子后，就和前面的"生意空间"分隔开来，那里可以搭三张麻将桌，邻居们过来消遣，阿靓收取台费。村里的老板娘阿嫒也会把一些外贸服装加工的手工活放在阿靓这里，村里的女人们来这里领活，也经常聚在这里，一边做针线活一边闲聊八卦。跟阿靓熟识后，她会暗地里向我介绍潜在的受访对象，作为感谢，我经常给她和孩子买些礼物，有时也给些介绍费。

阿芳是我在阿靓的档口遇到的一名打工妹。她一周来阿靓的档口三四次，通常是来打麻将，有时还会同其他女人一起做针线活。阿芳长相平平，微胖，有个圆滚滚的小肚子，但她的皮肤白皙光滑，在一堆肤色暗淡、肤质粗糙的女人中间显得很醒目。当其他女人津津乐道各种八卦时，阿芳对邻里间的家长里短兴意寥寥，很少插嘴。

一日，阿靓把我带到了阿芳的住处，我慢慢了解了阿芳沉默背后的故事。阿芳 26 岁，和一个已婚的潮州男人阿建同居两年多。对于为何跟阿建在一起，她似乎也无法给自己找到一个好的理由：她不爱这个男人，而她也没有得到太多物质上的好处，用阿芳的话说，"我不知道是傻还是什么，没钱又没名的"。尽管这段关系既不理想，也不可能长久，但她却没有勇气主动做出改变。

本章讨论那些自述"不知道为什么"成为二奶的打工妹。相较于第二章中描写的城市女性，她们对时尚消费并不那么感兴趣，也不那么强调男人爱她就应该养她；相比于第三章中的阿英或其他通过包养关系而获得向上流动的打工妹，她们的男伴的经济条件并不足以改变她们的命运。在访谈中，她们常描述自己在没有计划、没有预期的情况下进入与已婚男人的亲密关系，她们在这段关系中也常常处于难以名状、矛盾纠结的情绪中。

在本章中，我将包养关系与打工妹的特殊处境，尤其是她们在乡城迁移过程中的身份困境和情感挣扎联系起来分析。大量的研究已经探讨了进城务工者在城市的艰难处境。"农民工"的制度安排使得大多数进城农民处于"客居工人"的状态之中，他们长期在城市工作和生活，但难以获得城市的身份和相应的福利（王春光，2001；陈映芳，2005；潘毅，2005；潘泽泉，2007）。受制于城乡教育水平的巨大差距以及城市对农民工用工的限制等制度结构性原因，很多进城农民只能作为廉价劳动力——长时间的工作、密集的体力劳动、不安全的工作环境、微薄的报酬以及在工地和宿舍中遭受羞辱和骚扰（Lee，1998，1999；Pun，2005；Jacka，2006）。与此同时，他们在城市承受着制度性的歧视和人际排斥。比如，截至2003年7月，进城农民在城市逗留需要申请暂住证，而且每半年还需要花钱更新暂住证；如果暂住证过期或遗失，则面临拘留、罚款甚至被遣返等处罚。而在城市的流行话语中，农村人不仅贫穷，而且缺乏见识和"素质"，他们常常成为城市治安问题的替罪羊（Zhang，2001）。

处于城乡、阶层、年龄、性别交织关系中的打工妹的迁移境遇还有一些特殊性。比如，一部分打工妹本身就是为了逃避父权制家庭而选择外出打工，她们更难从家庭获得支持（Jacka，2006）。而且，与男性打工者相比，打工妹在婚恋问题上面临更大的困境。打工妹到了一定的年龄（通常25岁左右）面临返乡嫁人的压力。打工妹一方面渴望婚姻，但是往往找不到满意的结婚对象，逃婚和拖延婚期的现象屡有发生（谭深，1997，2005；Beynon，2004；Jacka，2006）。在下文中，我将探讨在乡城迁移过程中打工妹在空间（包括物理和社会空间）和情感上的"无处可归"，如何影响她们的亲密关系轨迹、选择和感受。我们不妨回到阿芳的故事，去体察一番。

"在这边玩几个月就回家了"

一个春日午后，我来到阿芳家中。她和男友阿建住在沈家村一套二居室的公寓里。阿建这几日去了外地进货，阿芳独自在家看肥皂剧。与村里很多外地人的家中都是水泥地不同，阿芳家的地上铺着瓷砖。客厅的中央放着一张质地结实、款式过时的实木三人沙发，还有配套的扶手椅和茶几。这是我在沈家村见过的最宽敞整洁的外地人住所。尽管如此，屋子里采光很差，显得很昏暗，也没有装广州本地人家中必备的空调。

阿芳26岁，老家在贵州的一个小山村。父亲在她念小学的时候就过世了，母亲独自抚养她和弟弟。小学毕业后，阿芳成绩不好，就不再上学，跟着母亲一起去菜市场卖菜。19岁那年，阿芳看到村里出去打工的女孩子带回来的漂亮衣服和新鲜玩意儿，萌发了外出打工的念头。尽管母亲反对，她还是跟着老乡跑到广州。

在广州几年，她先后在制衣厂、鞋厂和玩具厂工作，每天在流水线边上站上十来个小时，做计件工，每月能挣到400~800元。打工生活辛苦单调，让人疲倦，但阿芳享受用自己挣的钱买东西的快乐。最难驱散的是孤独感，内向而敏感的她常独自落泪，直到遇到阿强。阿强在桑拿房跑堂，做的是粗活，却是一个温柔的爱人。他会在阿芳情绪低落时鼓励她，在她失眠时安抚她。虽然阿强家里反对，但这对年轻的情侣打算存够钱就结婚。为了挣快钱，阿强背着阿芳加入盗窃团伙，后来案发被判入狱7年。阿芳还能清晰地想起当时的感受：

> 那天也是有预感的，他从家里拿了两条小狗过来，出事的那个早上，莫名其妙就死了一条。好像什么事情都有预感一样的，他那时候已经三四天没有回来了嘛。那天早上我起来，觉得家里空荡荡的，后来就真的是空荡荡了……

阿芳说着红了眼眶，我默默地从包里拿出纸巾递给她。她不好意思地接了过去，轻轻拭去泪水，接着说道：

他刚被抓进去的前两年，我还写信给他，不知是真正想等他还是鼓励他，其实我也没有理由去等他。当时有人说不严重，说请人去吃饭，花1000块就可以把他弄出来，我还白白花了1000块。我又不是你老婆，我为什么要花这个钱，我去看过他两次，前一段我还想要去看他，探望费要100多块，我就不想去了，花这个钱我为什么不自己过得好一点呢？（你有没有想过他出来跟他呢？）他出来，我也担心啊，他会不会重犯呢？他工作也不好找……那个时候真的是动心，其实我不轻易对男的动心，这是唯一的一个。

深感无助，阿芳选择了放弃，对阿强从失望转为怨恨，"在一起那么久了，就算穷一点，也不要做这样的事情。他这样做，一点都不为我着想，一点责任感都没有"。这件事让阿芳备受打击，但她没有和家里说过一句，"跟他们说也没用，他们也帮不上忙"。[1]

为了逃避痛苦，阿芳努力加班，不加班的时候就和打工的伙伴一起吃饭玩耍。一次和朋友们外出吃夜宵，她认识了潮州人阿建。阿建对她有兴趣，初次见面后就频频约她吃夜宵。阿芳不是特别喜欢阿建，但为了打发时间，去了几次。两个月后，阿芳暂住证过期被抓。阿建闻讯赶到收容所，把她赎了出来，接到家里，让她好好休息。阿芳回忆说：

> 我觉得他人很好，就跟他在一起了，一开始是感激。我

---

[1] 阿芳对家人的态度在打工妹中并不罕见。Tamara Jacka的研究也发现，不少打工妹与老家的联系并不紧密，在遇到麻烦、困扰和情感问题的时候并不积极与家里沟通、寻求帮助。一个重要的原因是城乡以及区域间存在巨大差异，很多人认为留在老家的家人不能够理解他们的处境，也不能提供有用的帮助（Jacka，2006）。

跟他在一起后，他就叫我不用上班了，叫我在他那里住，说工厂的几百块，他也可以给。我在工厂也做烦了，就想着来这边玩几个月就回家了。

阿建在潮州有个家，和老婆生了三个孩子，两儿一女。与很多潮州商人一样，他20岁出头就出来打拼，一年回家两三趟，待不了几天。在我做调研的那段时间，他主要经销老家的小工厂生产的手工饰品，比如帽子、皮带、手袋等，生意做得马马虎虎，但够养活他的两个"家"。

对阿芳这样的打工妹而言，进入包养关系往往是一种非预期甚至应激性行为。这些外地女性在进入包养关系前，都在工厂或餐厅打工，工作辛苦、单调且收入微薄，常伴有身体疾痛和精神压力。她们平时住在老板提供的集体宿舍，一间超过10个人。宿舍制度方便了资方对于劳动力的管理，但在狭小的宿舍空间中，个人的诉求被压缩到最小；而且，舍友间无法避免的互相干扰，容易造成彼此的关系紧张和矛盾。对流动人口的管制措施让她们不时面临驱赶和暴力的威胁。异化的劳动、社会的排斥以及与家庭的分离，使这些年轻女性在打工生活中缺乏安全感、归属感和个体尊严。一些受访的外地女性也曾尝试与男性打工者建立恋爱关系，以此获得情感满足和生活意义，但因为经济压力、家庭反对、工作流动性等原因，这些恋爱关系并不稳定，关系的破裂又会给她们造成新的困扰和伤害。在这样的情况下，一段经济稳定的、有共同居所的亲密关系就具有了特殊的意义：它为阿芳这样的漂泊者提供了一个临时的、感觉像"家"的地方，可以使她们在长期艰辛的、缺乏乐趣的打工经历之后，获得一丝解脱，甚至可以"玩几天"。

自我隔离

阿芳在搬去和阿建同居后就辞职了。阿芳对单调乏味的打工生活深感厌倦，而阿建也不希望她为了那么一点点钱太劳累。不久，因为阿建生意的关系，他们搬到了位于城市另一边的沈家村，阿建有很多老乡住在这里，可以互相照应。辞职后，阿芳减少了与以前的同事的来往。搬了家，她更是从原先的老乡朋友圈子里消失了。两个多小时的车程让她很难参加朋友们的聚会，久不走动，联系慢慢就断了。更重要的是，她也不希望太多人知道她的处境，尤其是那些可能会给老家的家人和同村带消息的熟人。

渐渐地，跟阿芳联系的只有打工时认识的两个好姐妹。她们不赞同阿芳和阿建在一起，甚至直言不讳地跟阿芳说，这是浪费时间，这种关系没有未来！但她们并没有因此嫌弃阿芳，隔段时间三人会见个面或通个电话。2004年，阿芳意外怀孕，做了人工流产。两人前来探望，带了很多保养品，说了许多关切的话。阿芳非常感动，视她们为真正的朋友。2005年，这两个朋友先后回到家乡结婚。分别一年间，阿芳同她们大约通过6次电话，每次通话的间隔越来越长。阿芳发现与她们保持电话联系很困难：长途电话很费钱，而且各自走上了不同的人生道路，寒暄过后似乎就无话可说。

在我所调查的外地打工妹中，除了下一章中会讲到的阿媛在关系开始后继续担任情人的秘书外，其他人和男伴在一起后便不再工作。不同于在第二章里提到的城市女性——包养关系是她们长期被供养生活的一个过渡性替代，大多数打工妹放弃工作一半出于自愿，一半出于满足男友的要求。她们的男友出于各种考量，往往坚持甚或强迫她们放弃工作待在家里。首先，这是一种关心女伴的方式，使她免于辛劳；其次，这也能确保她的精力完全投注于家庭。此外，这样还可以减少她结识其他男性的机会，以保证自己对这段关系有更多掌控。

然而，离开工作场所、脱离熟人视线，使得这些女性与她们在城市中的重要的社会支持网络脱离开来。工作不仅仅是个人获得经济收入的重要途径，往往也是建立有用的社会联系的核心场所。对外地打工者而言，就业有利于维系和扩展同乡和工友网络，以便在必要时获得一定的物质和情感支持（胡武贤等，2010；张春泥、谢宇，2013）。基于信任、关心和包容的朋友关系一定程度上可以跨越空间的局限得以维系，但打工妹频繁的流动和不期而至的生命轨迹的分叉，使得她们的友谊之花并不容易结出长久不衰的互助之果。

和阿建同居后，阿芳渐渐退出了原有的社会网络，与此同时，她也未能与所居住的社区建立有效的社会连接。除了每年一次回贵州看望家人或偶尔去市中心"大采购"之外，阿芳很少离开沈家村。大部分时间她都在家做家务或看电视；实在闷得发慌，她会去楼下阿靓的档口打麻将或做手工活。她在沈家村没有朋友，她不和人们谈论自己的生活，也几乎从不请邻居去她家。如果遇到困难，她尽量自己解决，不想让邻居们知道。由于自己身处的关系有悖主流道德，阿芳刻意与邻居们保持距离，以避免为他人提供茶余饭后的谈资。"没有必要的，就不要让别人知道，"阿芳颇为愤慨地说，"被人在背后说感觉很不好，他们也没有资格说这个，你也比我好不到哪里去，你何必说?!"

阿芳居住的沈家村是一个人际交往频繁的流动人口社区。这里的住户多由老乡、朋友介绍而来，不少拖家带口，彼此间经常走动，相互照应。一楼的档口以及街口巷尾是重要的社交和娱乐空间。结了婚的女人在那里照看孩子，顺便接点手工零活，聊聊家长里短。阿芳不在场时，我就曾在阿靓的档口听到邻居们议论，"她（阿芳）肯定是被包的，每天都在家，又不上班"，"她那个男人是潮州人，潮州人不会娶外地人的"。

闲言碎语是一种道德话语，通过闲话的传播，道德标准得到传播和强化（Taylor，1994）。阿芳深谙其道，她远离人群，想要逃开这些道德评判，但与此同时，她又非常渴望有人愿意倾听她的心声。我问过阿芳，为什么愿意跟我讲她的经历。"你不是这个村的，跟你说说也没关系，心里也舒服点，"阿芳幽幽地说，"你要是跟她们乱说我的事儿，我会在心里恨你。"

在对社会关系结构和个体心智生活的精辟分析中，西美尔指出，在大都市中，人与人之间广泛但匿名的联系容易促生个人的自由和个体性；在巨大的信息洪流下，都市居民也容易形成一种对与自己无关的信息无动于衷的态度。与之相反，在小镇中，人与人之间的交往有限而紧密，这有利于在个体之间形成强有力的纽带，但同时强化了行为方式上的一致性和统一性（Simmel，1950）。像沈家村这样的外来打工者聚居的社区，就像坐落在大都市中的一个小镇——居民的异质性和流动性使其无法对不合"规范"的行为进行实质性制裁，从而给阿芳这样的"离经叛道"者栖身的空间。但社区内部的日常社会交往，却类似于小镇或小乡村——透过邻里的频繁接触和闲言碎语，社会主流的规范和道德规则得以传播。因此，阿芳依旧倍感压力，她选择待在邻里网络的外围，而这样也割裂了她与村里其他人的联系，无法享受紧密的社会网络带来的好处。

"伴侣"纽带

阿芳设想的几个月的"清福",到 2006 年已经持续了两年多。阿建负担两人每个月大约 1500 元的开销(包括 500 元房租)。阿芳偶尔出去逛街,他也会给二三百块。阿芳帮他照顾家里,做饭洗衣,时时陪伴。"一个人在家也挺无聊的,有个人陪陪比较好。"至于性关系,阿芳说:"他一开始可能也有那方面(性)的要求吧,现在少很多了。很多时候是我想要的。"日久生情,阿芳对阿建心生依赖,但还是没有对阿强那样的感情,"别人叫老公老婆的我叫不出来,我就叫他鸟,他也叫我鸟,不知道怎么叫起来的,很傻的"。

第二章里提到的 Lucy 强调自己通过身体、青春和时间来"赚得"男友给她的经济支持,而阿芳则不这么想,她拒绝将其与阿建之间的亲密关系理解为一种物质利益的交换。她也不那么看重爱的物质表达,即男人需要通过金钱上的付出来表明对女人的爱意。阿芳更在乎的是与男友之间建立彼此关心、相互照顾的关系。

阿建内向寡言,习惯独自面对生活上的问题。他偶尔会和几个相熟的老乡喝几杯,在兴头上大聊一通。除此之外,阿芳难得看到他兴奋话多,也很少看到他生气发怒。有时候,阿建买彩票输了钱心情不好,就买回来一堆爱吃的海鲜来安慰自己。他的人生哲学是"别的都是假的,只有吃到肚子里的是真的"。两年多的相处,阿芳能看出他表达关心的方式:她回贵州老家,阿建会主动给她几千元钱;在她生病的时候,阿建会给她做好吃的。阿芳说:

他这个人也不是不关心我，不体贴我，他很死板，不表现出来，心里还是有点关心的。不像我，老是为他想些事情，比如买菜，他喜欢什么买什么。我性格就是这样的，为别人想得较多。

尽管不甚满意，阿建俨然已经成为阿芳在广州最信任和亲近的人。她习惯跟他唠叨每天自己做了什么，有些事情一时难以决定，也会征求他的意见。例如，阿芳最初向阿建隐瞒了她接受我的访谈。根据阿芳的猜测，阿建很可能不赞成，认为她"没事找事"，但最后还是忍不住告诉了他。阿芳淡淡地说："习惯了，什么事情都跟他说，不说好像有点别扭。"

在我的调查中，一些进入包养关系的打工妹与男伴之间往往有着强烈的情感依赖。对像阿芳这样的打工妹而言，成为他人眼中的"二奶"不仅使生活能有物质保障，更重要的是，这一关系为她们构筑了一个家。男伴的喜爱、关心和善待——在困难时的帮助与安慰以及日常相处中的关心与疼爱，使她们在城市中获得了一份人性化的生活和一定的归属感。她们以真挚的关心和照料来回报男伴的善待，维系家人般的相互依赖。在与工友老乡断了联系，又主动与外来打工者社区保持距离之后，她们渐渐发现，自己的男伴往往成了仅存的情感依靠。换言之，脱离了重要的社会支持关系网后，她们极大地依赖于一种与已婚男性之间的"伴侣纽带"，尽管这往往并不是她们所期待的"浪漫爱情"与理想的婚姻生活。

"今天不知明天事"

阿芳知道她同阿建的关系不会长久。阿建一开始就告诉过她，他不会同老家的妻子离婚。阿建的妻子朴实勤劳，为阿建抚育了两儿一女，尽心侍奉公婆，还在当地工厂里打零工贴补家用。事实上，阿建看上阿芳很大程度上也是因为她跟自己老婆长得有点像。但他不能一直待在老家，潮汕文化鼓励男人们外出经商赚钱，回家光宗耀祖。

在阿芳眼中，阿建也不是一个理想的结婚对象。他不善言辞、过于实际，与阿芳期待的相亲相爱的婚姻生活相去甚远。阿芳坦言，即使阿建离婚，她也不一定会嫁给他；她仍然希望找到一个心心相印的伴侣。她甚至很困惑自己为什么会和阿建在一起这么久，"我就是傻，书读太少了。我跟他又没钱又没名的，不知道图什么"。

但阿芳也想不出，如果离开阿建，自己能干什么。26岁，她不想回到工厂，那里没有盼头，自己年纪也大了，拼不过小姑娘；她希望找办公室的工作，但没有学历，根本不敢去应聘。阿芳也不想回老家随便找个人结婚。在她的贵州老家，26岁已经是老姑娘了。为此，阿芳妈妈多次打电话来催促她回去结婚，还帮她物色了几个相亲对象。但阿芳根本不指望在老家能找到她想要的伴侣，"我们那里也很难找，很多男的没钱，又打老婆，又没事做，成天喝酒，喝了酒就又吵又打，这样过得很没意思"。而且，她也担心和老家找的男人说不上话，沟通不来。阿芳讲起她的一次相亲经历："有一次（回家）他们给我介绍了一个男的，长得还有点帅，看上去也老实。后来我想跟他聊聊天，他说他累了，想睡觉，傻死了。我不想像我爸妈那样，两个人都不说话。"

在婚姻关系中强调良好的沟通是现代西方中产阶级的婚姻理想（Swidler，1980；Illouz，1997）。一些学者指出，改革开放以来，中国家庭关系出现与西方工业社会类似的情感转向，年青一代重视婚姻中的感情纽带，并且期望用语言表达情感（Yan，2003）。然而，进入城市的农村女性挣扎在理想和现实之间：她们憧憬着浪漫爱情和良好沟通的新型婚姻，但现实却很可能是回到家乡嫁给一个缺乏感情基础、持有传统父权家庭观念的男人。

阿芳就面临着这样的困境。她和阿建的关系迟早得结束，但她也不想回到贫穷的乡村同自己不爱的男人共度余生。作为二奶，她还身陷更为尴尬的处境。和阿建同居后，她很少有机会和其他的男人深入接触，建立有婚姻可能的亲密关系。当我问起她对未来的打算，她叹息道：

> 今天不知明天事，过一天算一天吧。想了也没有用，反而心里难过。也许我这个人就是注定要受苦受罪的。有时候我怪我妈把我生下来，怪爸爸走得那么早，但是又想想我妈把我养这么大也很辛苦，怪谁呢？人家说，妈妈这么伟大啊，把你生到这个世界上，但是我觉得真是不应该把我生出来。生活没什么意思，很烦。

阿芳选择等待，直到一些事情发生迫使她做出改变，比如，阿建要永久地离开她，回到家乡，届时她也不得不返回老家嫁人。到那时，她再"听从老天的安排"。对阿芳而言，面对无法解决的生活难题，积极筹划带来的是更多的痛苦和无力感，而拖延和逃避反而成了应对这种痛苦的"积极"策略。在最后一次访谈中，阿芳向我透露了她关于未来生活的一点想象。"我有时候在想，去外省找一个，我四姨在江苏那边，我去过一次，他们那里的男的都很需要老婆的。反正通过亲戚朋友介绍，我想总会有我的容身之处的。我们那里有很多人贩子，卖女的到那些地方去，"阿芳眼里闪过一丝希望，"有时候有一种傻想，让人家把我卖到那些地方去。到了那里，我对他好，他也对我好。"

小　结

　　阿芳带着对外面世界的憧憬来到都市，但经历的是身心俱疲的劳作、伤心失望的恋爱和措手不及的收容遣返。她希望通过打工改变命运，但似乎无力改变回到农村与不爱的人结婚生子的宿命。对阿芳而言，生活向她展开的是一场充满苦难的旅程——从艰辛、心酸的打工妹生涯到无从期待的婚姻生活。那么，与阿建之间安稳又不乏情谊的亲密关系，就是她黯淡的人生轨迹中一次非预期性、暂时的、离经叛道式的逃离，是对于命运的一个小打小闹式的反抗。

　　虽然在城市中工作多年，但阿芳从未在城市获得归属感。阿芳从没想过嫁给一个城市人，她曾梦想同和她一样从农村来到城市的男友结婚生子，但这个梦想因为男友的铤而走险而毁于一旦。将青春付诸令人心碎的爱情和未能改变生活境遇的劳作，她不免心酸而不甘。她渴望一个相对平等、充分沟通、以感情为基础的婚姻，但她母亲介绍给她的老家的男人们却是贫穷、木讷甚至打老婆的人。过去是充满辛劳和痛苦回忆的打工妹生活，未来可能是成为温顺、吃苦耐劳的农村人妻的另一种艰辛生活，二者之间的当下，她将与阿建同居的日子视为休息、放松，也许还能获得某些快乐的一个机会。尽管她不爱这个男人，但那种安全感、亲密感以及适度放纵的感觉，却是她的人生中难得的奢侈。

　　阿芳身陷的困境，是我所调查的一些外地打工女性共有的。她们怀揣着梦想走出农村，在乡城迁移的颠沛流离中，梦想变得遥不可及，个体的努力缺乏意义，生活只是一系列的不幸、困苦和挣扎的组合。这样的打工妹人生轨迹，嵌入在血汗工厂的生产体制、城乡二元对立的户籍制度和父权制婚姻体系之中。在高度缺乏安全感、归属感和个体尊严的乡城迁移经历中，一些像阿芳这样的打工妹往往难以通过"正常渠道"获得情感支持。包养关系以其相对长期、稳定和类家庭的特质，成为打工妹获得情感慰藉和支持的临时性替代。成为二奶，只是她们失意人生中的一段中场休息；她们在这个"临时"的家中，抵御着残酷的外面的世界，获得些许的尊严、温情和慰藉。然而，具有讽刺意义的是，这个温情的家也将她们与外部世界及可能存在的社会资源进一步隔离，使她们陷于越发边缘的处境。

第五章　什么样的男人值得爱？

阿润是我访谈的女性中最年长的一位。第一次见她，是一个冬日的中午，她和几个邻居一起在阿靓的档口串珠子。她穿了一件草绿色的薄呢大衣，很精神，看不出有 38 岁。大衣虽是很多年前流行的款式，但收拾得很挺括，没有一个褶子。过了一会儿，阿润说手疼，不做了，我这才瞥见她手上长了很多个暗红色的小肿块，有几个已经破了。我很惊讶，广州这么暖和，怎么还会长冻疮？她说，她天天把她和男朋友的内衣和棉毛衫裤都洗一遍，洗多了就长冻疮了。

阿润来自广西的小县城，三年前到的广州，在发廊工作不久便遇到了现在的男朋友阿才，两人一见如故，认识一周就搬到一起住了。阿润说："感觉又回到了年轻的时候，谈恋爱的感觉。"同居三年多了，两人一直恩爱有加，阿润说："别人都以为是两公婆①。"语气中掩饰不住甜蜜。

本章集中讨论包养关系中的浪漫情感。跟阿润一样，我访谈

----

① 广东人把"夫妻"叫作"公婆"。

的女性中有一半都表示，她们喜欢自己的男朋友，或者用她们更习惯的说法，"我们是有感情的"，如果对方离婚，她们愿意考虑跟他结婚。也有两个女性表示，她们最初并不是因为"喜欢"而与对方在一起，但在一起生活以后，她们渐渐喜欢上了对方，舍不得离开他了。

从某种意义上来说，将包养关系"情感化"可以理解为"二奶"们的自我辩解。在这样一种有着明显的经济依赖的婚外亲密关系里，受访女性不免着意强调她们同男友之间的相互吸引和浪漫情感，淡化物质方面的诉求，以免被视作廉价的"钱色交易"。然而，对浪漫情感的强调不仅仅是她们"去污名化"的努力，事实上，强调以情感为依托、相对专属的性关系，也是她们将自己与交易性性行为划清界限的重要方式。正如一个受访者所说，"我又不是小姐，随便谁都可以"。她们往往表示，自己喜欢那个男人是因为他身上的某些特质，是和他相处时的美好感觉，情不自禁，甚至甘于忍受婚外情的委屈和痛苦。那么，究竟是男人身上哪些特质吸引了她们呢？对她们而言，什么样的男人是值得爱的呢？在本章中，我将讲述阿润和阿媛的故事，来展示受访者所谓的"喜欢"某人或对某人"有感情"的意涵，探讨这些女性对于浪漫爱情关系的体验与感受，以及她们对于理想伴侣的定义。

"借人家的老公用一下"：养家与男人的责任感

2006 年元旦前两天，阿润叫上我和她表妹阿晴到家里吃饭。到了阿润家后，我才意识到这可能是场告别宴。阿才几天前回老家了，阿润也打算元旦回老家看儿子，兴许之后就在老家找份差事，不回广州了。阿润的儿子刚上初中，此前托付给老家的好友照看。最近阿润从好友那儿得知，一向乖巧的儿子开始青春期叛逆，成绩下降。阿润很担心，打算回老家陪儿子。

阿润在只能容下一人的狭小厨房里做饭。厨房靠窗的一侧是用肉红色小方瓷砖铺砌的一米多长的台面，依次放着油盐架、用小罐煤气的单灶和切板，台面边上是洗菜的小水池。厨房里没有抽油烟机，煤气灶和油盐架上满是油垢。小水池虽然破旧，但擦洗得很干净。阿润淘好米，加上水，放到灶上开始煮饭，之后麻利地洗菜切菜，打算饭熟后下锅。为了兼顾我和阿晴的口味——一个不吃下水而另一个钟情家禽和内脏，阿润买了一条鱼、一只老鸭、少许瘦肉和鸡杂，还有不少蔬菜。

我和阿晴在厨房外的客厅帮阿润做手工活。客厅不到 10 平方米，只放了一套桌椅，阿润又收拾得整洁，反而显得空荡荡。三人有一茬没一茬地聊着天，说起前几日阿才回老家之前和阿润、阿晴一起过圣诞节：阿才亲自下厨炖羊肉，炖好了要把汤倒掉红烧，阿润笑话他不会吃，营养都在汤里，加了点盐舀了一勺让他尝，阿才不住夸味道鲜美；阿润和阿晴买了不少海鲜，但阿才一看嫌她们买的不好，自己又出去买了一大堆；三个人美餐一顿还喝了瓶红酒，之后又跑去村里的 KTV 唱歌。阿润回忆道："我们就要了四瓶啤酒、一点花生还有一点小菜，那里也没什么歌，结果就花了 70 多块钱。他笑死了，就那么一点钱（跟平时公司出去应酬费用差太远了）。"虽然没花什么大钱，但阿润很满足，阿晴也在一边说："他其实很舍不得你走啊，你走了会后悔的，找不到对你那么好的男人了。"阿润叹了口气，低声道："再好也是借别人的。"接着就招呼我们赶紧收工吃饭。才一个小时多点，一桌好菜就摆在眼前：西兰花炒肉片、尖椒炒老鸭、红烧鱼、清炒油菜和鸡杂汤。

阿润贤惠能干，是当家的好手，她原本也希望能相夫教子，幸福平淡地过一辈子。她在老家的一家国有的旅游区当出纳，丈夫大学毕业，在当地政府机关工作，儿子聪明懂事。然而，在下海大潮中，丈夫挪用了一万多元公款做生意，生意失败后为捞回本钱，又用阿润的名字向银行贷款继续做生意，结果越亏越多。事情败露后，他逃债去了外地，杳无音讯。这期间，阿润工作的旅游区又被私人承包，她下岗了。为了抚养儿子，她白天在机关做杂务，晚上到舞厅小卖部站柜台，一个月赚 600 元左右。2002年，实在还不出银行的钱，她把儿子托付给好朋友照顾，经远房表妹阿晴介绍来到广州。她想找赚钱多的工作，但已经 34 岁的她的选择并不多。所幸她面容姣好，性情温顺，老乡介绍她到村里的一家发廊当洗头工，也做"小姐"。跟店里其他的洗头妹相比，阿润年纪大又比较矜持，挑她的客人并不多，直到遇到阿才。

阿才比阿润大两岁，是浙江一家汽配公司的销售人员。妻子也在公司上班，有两个孩子，大女儿上中学，小儿子上小学。因为工作的关系，阿才一个月来广州出差两周左右。跟阿润相识后，他从原先与同事合租的公寓里搬了出来。两人找了个一房一厅，月租 350 元。阿才又花了 100 多块钱买了些旧家具——一张木板床、一个大衣柜、一个放电视的箱子、一张餐桌和四把椅子，还买了台 20 寸的旧电视，两人开始过起日子来。

在阿润看来，阿才是个"很好的男人，有责任心又体贴"。两人在一起三年了，阿才负担房租以及两个人的开销，除此之外，他每个月给阿润 800 元，阿润省着花，一个月能留大约 500元，存着给儿子。阿润则做好"老婆"的本分，把男人和家里照顾得细致入微。阿润说："他对我很满意，我这样会做事，会体贴他。"阿才脾气比较急，爱发火，而阿润总是忍得住，随和他。和阿才同事的女朋友们不同，阿才和朋友们吃饭、泡吧、打牌，阿润从来不跟着去。"他们（阿才的朋友）都说我是贤妻良母。"阿润颇为自豪。

两人刚开始热恋的时候，阿才每次回广州，两人都会拥抱好久，亲热一番；现在老夫老妻了，感情表达没那么强烈了，出门自然地搭个肩，拉个手。阿润说："我和他各个方面都很合得来，包括性的方面。我和我以前的老公都不是那么合得来。"

两人以"老公"、"老婆"称呼对方。在阿润看来，"老公"、"老婆"不仅是一种亲昵的称呼，还包含着对彼此的一种信任和责任。她说："他很相信我的，他会把公家的钱拿到我这里放着，我不会动的，我从来不乱拿他的钱，他给我多少就是多少。他把我当老婆那样，我也把他当老公那样。我跟他的时候我从来不在外面找男人的。"

然而，尽管在情感上很亲近，阿润却没有——或者说认为自己没有——"老婆"的全部权利。比如，她不清楚阿才具体赚多少钱①，"我不会去问的，也没有资格问"。再比如，阿才和客户去夜总会，她也从来不过问。对此，阿润如此解释：

> 做生意去夜总会叫小姐什么的，肯定都有的，管不住的，他老婆也管不住的。但是如果是老婆的话，还是会管他多一点的，如果他去外面玩的话，会管的。现在我也没有资格管他，都是要靠他自觉，不过他也不是很乱来的。

---

① 阿润知道阿才的大概收入，工资是一个月7000多元，还有一些额外提成，但是不清楚具体数目。

阿润坦言如果阿才没有结婚的话，她一定会嫁给他。但她从来没有想过要阿才离婚，她觉得离婚对孩子不好，而她也不愿意被认为是"拆散别人家庭"的坏女人。她说："我自己老公不争气，我现在跟情妇一样的，唉，我这种人很知足的。"

　　尽管对阿才非常满意，但阿润对这段关系还是心存愧疚："有一点觉得对不起他老婆，我经常说是借人家的老公用一下。所以他对他老婆好一点，我觉得还好一点，如果他对他老婆不好，我就觉得更内疚了。"阿润经常帮阿才挑选礼物带回去送给妻子和孩子。阿润也默默地了解阿才如何对待妻子和孩子，从中评价他的为人："他对他老婆很好的，家里的家务都是他做的。他在这里每天都给家里打电话，没事的话他就放心了。他打电话的时候，我就在旁边不出声。"阿才对原配家庭越好，阿润越是觉得他是个有责任感、顾家的好男人。

　　阿才回老家的时候，阿润经常很烦闷，一空下来，就会想很多，儿子怎么办？自己以后怎么办？烦躁的时候，她大多自己忍着，尽量不去想。有时阿晴过来串个门，大家说笑解闷，或者下楼找人打麻将，打发时间。可是这一年手气很不好，几乎没赢过，她就不打了，接点手工活来做，虽然做熟练了一个小时也挣不到两块钱，但在阿润看来，"总比打麻将倒贴钱好，做一两个月也能挣个回家的路费"。吃过晚饭独自在家，阿润特别想念阿才，但她从不在晚上给他打电话，一般都是阿才有空的时候打电话过来聊两句。阿润表示："我不想给他添麻烦。"

　　那天夜里，我和阿润躺在她那吱嘎作响、床板掉了一根木条的床上，盖着起了很多绒球但很干净的旧棉被，聊起她回家的打算。阿润感叹，自己虽然跟阿才感情好，但这样下去终归不是长久之计。她从年初就开始考虑要回老家了，儿子到了青春叛逆期，不能继续麻烦朋友管了。阿润说："我现在就想培养儿子，和儿子在一起，以后就靠儿子了。别人都跟我这么说，你以后就只能依靠你儿子了。"

几个月前阿润就回过一次老家找工作，没找到合适的，又耐不住对阿才的思念，才又回到广州。最近两个月，阿才的公司传出消息要调整业务，阿才很可能春节过后就不来广州了，阿润也不得不为自己的将来打算。她盘算着回去做点小本生意，或者通过朋友介绍找个工作，"想不好了，今天不知明天事"。她老家的朋友也在帮她物色结婚对象——离婚的男人，但阿润并没有抱太大的期望。阿润感慨道：

> 女人都是需要一个家的，出门在外的，一个女人，心情不太好的。（你说的家是指？）现在就是我和我儿子，以后就看缘分了。这两年，我都不想结婚。（为什么？）现在的男人，靠不住的。找得好我就嫁，找不到中意的人、好一点的，我宁愿一个人，不结婚，过一年算一年。（怎么才算好一点？）对你好一点，经济上过得去，有工作，一个月几千块。

阿润说起几天前与阿才分别时，两人紧紧拥抱了好久，这一次怕是真的要离别了。"我说，我舍不得你啊。他说，舍不得又有什么用呢？你又不是我老婆。以后想我了，还是可以过来嘛。"阿才承诺他每个月少抽几包烟，给她汇二三百块，能帮的帮一把。阿润并不指望他能履行诺言，她说："男人都是人走茶凉的，坚持不了的。不过认识他，我这一辈子也算值得了。"阿润边说着，边用手轻轻拭去眼角的泪水。

阿润是阿才朋友眼中的"贤妻良母"。确实，撇开她所处的关系，阿润几乎符合大多数人对于"贤妻良母"的想象：善良、温顺、贤惠、有礼、善于持家，而贤良如阿润要想过上幸福生活，必然需要像阿才那样能够养家的男人。阿润的生活理想正是时下流行的"男主外、女主内"的家庭模式，其背后是市场改革以后兴盛的性别意识形态，预设了基于异性恋的、性别的分工，勾画了男女两性在市场中的自我定位，以及在婚姻关系中的预期与角色。在阿润的案例中，我们还看到，这样的性别意识形态极大地形塑了个体在亲密关系中的"感受规则"（Hochschild，1983），牵引着人们在婚恋关系中的情感发端和走向。然而，要找到能够"主外"的男性并不容易。随着贫富差距和阶层分化的加剧，大量男性无法在市场中获得成功，也无力承担养家的职责，从而难以成为"可欲"的婚配对象（何绍辉，2010）。

　　阿才提供的每个月上千元的经济来源，对于38岁、初中毕业、经历下岗、缺乏稳定经济来源的阿润来说是重要的。阿才给的钱帮助她维持生活、供养儿子。[①] 同样重要的是，与阿才的关系为阿润提供了替代性的婚姻满足。对阿润而言，一个女人最重要的还是找个好老公，她的不幸是因为"自己老公不争气"。在与阿才的相处中，她找到她所钦慕的丈夫形象和她所期待的夫妻感情，所以她说，"借人家老公用一下"。从阿才为她以及为他的合法家庭提供的经济供给中，她读出的是一个好男人的品质，有责任心、有担当、顾家。换言之，为家庭提供经济供养不仅是维

---

① 与黄盈盈和潘绥铭（2003）的研究中描述的东北下岗妹相似，阿润在下岗后经过劳动力市场边缘的职业间的"平移"进入了性产业，但从事性产业具有高度的不稳定性和危险性。

持正常生活所必需的功能性要素，而且被转化为男人身上的一种优秀的道德品质——责任感和可靠，从而获得女性的青睐。

我所调查的许多女性都坦言，责任和可靠是她们最看重的男性伴侣的品质，她们特别提到，有能力养家是男人的首要责任。外地打工女性往往更明确地表达了她们对男伴负担家计能力的看重，这很大程度上是因为她们潜在的婚配对象——外地打工仔，很多在经济上并不稳定，无法给予有物质保障的家庭生活。比如，阿润就很担忧老乡阿靓，阿靓的丈夫到处打零工，工作不稳定。阿润不止一次跟我说："我有点担心我的老乡（指阿靓），她老公赚不到钱，这个男人没什么责任心，她以后怎么办？"

负责任和可靠并不意味着男人必须挣很多钱回家，让家人过上物质丰厚的生活。有责任心和可靠更多意味着当家庭有需要时，男人有能力提供经济上的保障，让女人免于为家计发愁。比如，23岁的小莉来自重庆，她曾在汕头当服务员，认识了开网吧的本地人阿毛。阿毛29岁，结了婚生了两个孩子。因为玩六合彩欠了一屁股的债，他来到广州寻找赚钱的机会，并把小莉接了过来同居。在老乡们的帮助下，他奔波于广州的各个建筑工地当仓库管理员。尽管收入并不稳定，阿毛不时需要向朋友们借钱，但他仍然保持着潮汕男人的担当，负担他和小莉的日常开销。他告诉小莉，钱的事情不用她操心，他会想办法解决。在阿毛之前，小莉交往过两个男朋友，一个是上学时的同学，另一个则是工厂的工友，跟她差不多年纪。她对两人都不满意，他们没担当、不可靠，谈到阿毛，小莉则说："虽然我们没钱，但我觉得他这个人是挺憨厚的那种吧，跟他在一起吧，有一种安全感，不像其他那种不成熟的人。"

"我喜欢比我年纪大的人"：成熟与男性魅力

阿媛主动和我联系讲她的故事，我颇感意外。在沈家村的女人眼里，阿媛跟其他女人不一样，是有生意做、有钱赚的"老板娘"。阿媛在村里做外贸服装加工的生意——把工厂做成的服装半成品拿给村里的女人们加工，绣上花样、钉上珠子，然后转手给经销商出口国外。我在阿靓的档口见过几次阿媛，大多是来送货或验收货，来去匆匆，偶尔也和其他女人们简单寒暄几句，开几句玩笑，温和中透着干练。大家不太了解她的情况，只知道她是韶关人，30 岁出头，在村里买了一套两居室的小公寓，自己住。

和阿媛的第一次访谈约在一家人少的粤菜馆。阿媛坐在我对面，不算打眼但挺耐看，浓密的直眉，妩媚的杏仁眼，齐耳的小波浪染成棕黄色。她一边给我夹乳鸽，一边开门见山地说："我有个女儿，4 岁了。在老家，我妈帮我带。"从没听邻居们说过她有孩子，我极力掩饰自己的惊讶，故作自然地问起孩子父亲，阿媛说："他在这里（广州）了，结了婚的嘛，"因为不好意思，阿媛的声音变小了，"他每个月给 3000 块。"说完，她又恢复了正常的声音，慢慢地跟我讲起她的经历：

> 我们（以前）是在一个公司的嘛，他是经理嘛，我是做文员的。他比我大 20 多岁，我们认识以后，他说我像他的初恋情人（笑）。他风度很好的，是大学的教授来的。（他又是教授，又是总经理？）他两边都做……我就是想，他本身文化层次那么高，跟他生个女儿，也会聪明一点了（阿媛和

我都大笑起来）。

阿媛高中毕业后没考上大学，19岁来到广州打工，在餐馆做服务员，在那里遇到了老刘——一所大学的老师，同时创办了一家高科技公司。老刘对阿媛格外关注，光顾了几次阿媛打工的餐馆后，就邀请阿媛去他的公司当秘书。在共事六个月后，阿媛坠入了爱河。她回忆道：

> 我开始对他也没什么感觉，后来我们经常一起吃饭，聊天，过了半年这样子我们就在一起了。他知道很多东西，很有文化，有修养，慢慢就有感觉了，很喜欢他……跟他在一起真的学到很多东西，做人的道理啊，还有怎么做事情啊，我有些问题以前真的不会处理的，他跟我讲了以后就好办多了。

阿媛为老刘成熟的魅力所倾倒，二十多岁的年龄差距在阿媛看来并不构成"代沟"，反而形成了两人"夫唱妇随"、"主从有序"的默契与和谐。阿媛笑着说：

> 虽然我们年龄有差距，文化层次也不一样，但是我们还是有很多共同的兴趣爱好。平时就是他跟我讲他的事情，他多讲些我少讲些了。他经历的事情比较多，见的世面也比较多……我跟他在一起就是不停地听他说话，听他讲。就是他跟我讲他的见闻啊，我很喜欢听他讲，他也很喜欢跟我讲。我和他在一起好像一直很有话讲呢，两天两夜都讲不完呢。

阅历与见识增添了老刘的风度修养，这是一般年轻的或低阶层的男性所缺乏的。阿媛直言："我喜欢比我年纪大的人，可以教我很多东西，那些跟我一样大的男孩子，没有文化的，我都不喜欢。"阿媛说起老刘的情况，他与妻子是大学同学，两人育有一个儿子，在国外上大学，日子过得平稳，波澜不惊。

白天，老刘和阿媛是老板与秘书，各尽其责，不露声色。下了班，老刘有空就找阿媛，但因为应酬多，两人单独相处的机会也不过一个月两三次。阿媛格外珍惜在一起的时光，这么多年几乎没有吵过架，她笑着说："在一起的时候就想着好好过，多说话，哪有时间去吵架了。"

老刘从一开始就告诉阿媛自己不可能离婚，阿媛虽然痛苦，但"没有办法，自己也是喜欢他嘛，拔不出来"。相处一年后，她也尝试和对方分手，但没有成功：

> 我们当时知道没有可能的嘛，一直想分手，但是一直分不开，彼此都走不开。后来慢慢地就还是觉得要分开，这样长了，被人知道还是不好的嘛，毕竟他有身份地位的嘛……他老婆不知道这个事情，但是也是有感觉的嘛，他自己也说跟我在一起以后对他老婆就冷一些了，也不是不好了，就是不亲了。

阿媛身边不乏追求者，朋友也给她介绍过几个对象，但阿媛都"看不上眼"了。阿媛说："我也知道不要跟他（老刘）比，我心里面想着：不能比，人是不能比的。但是还是会比。"在甜蜜幸福与痛苦挣扎中，六年过去了。老刘的儿子在国外工作定居后，妻子计划夫妻俩一起移民出国，跟儿子团聚。老刘把移民打算告诉了阿媛，阿媛很难过，但也准备就此彻底分开。

在老刘出国前几个月，阿媛怀孕了。老刘劝她打掉孩子，他不可能跟阿媛在一起，也不可能负担父亲的责任。然而，阿媛很犹豫：她知道单身母亲要承受巨大压力，更担心没有父亲会对孩子造成负面影响，可她心里暗自希望这段感情能有一个"结果"。转眼过了四个月，阿媛决定把孩子生下来，"就是很想跟他生个孩子"。为了不被同事发现，她从公司辞职了。

阿媛的坚定反而让老刘不知所措，他把皮球踢给阿媛，让她来帮他决定去留，阿媛回忆起当时的情形：

> 那个时候他跟我说："我就要出国了，就要你一句话：是走还是不走？"在走之前三个月这样子他跟我说的嘛。我也是当时（花了）两三个月时间想，他要是留下的话，他肯定就跟他老婆离婚了，我想啊想，最后我还是跟他说："你走吧……"他说："我走了孩子怎么办？"我说："我自己会搞定。"

我问她为何不留下老刘，阿媛说：

> 如果我让他留下来的话，也不一定好。那个时候他什么都没有了，不是说没钱，是身份，名誉什么都没有了。我在想我几句话就让他什么都没有了，我真的做不出来，他自己也知道。他说，没有就没有了，重新来过了。我说："你有什么资本重新来过啊，又不是年轻的时候了，都这么老了。"他那个时候 51 岁了嘛。他虽然嘴巴这么说，他很了解我这个人的，我心里想什么他都一清二楚的。他知道我没有那么狠的，如果那么狠的话，他早就不跟我在一起了。发生这么大的变化，也不知道对我们是不是好，都很不确定的，不知道（他离婚）是好还是不好。这种事情我见得多了，为了一个女的离了婚，结果都不是很好的。职务没了，名誉也没

了，他们在学校，管得很严的嘛……他肯定不敢做（决定）了，他自己决定不了，让我帮他来决定。

老刘出国前，主动给阿媛的银行账户里存了 50 万元，留给孩子，每个月再往她卡里打 3000 元的生活费。阿媛起先推辞了一番，最后决定收下：

> 说实话，我那个时候真的没有什么钱，要是他不给钱的话，我一生下小孩就要去工作了。生小孩也是要花钱的嘛，生小孩花了不到一万，几千块，生完小孩也要花钱的嘛。但我没有跟他讲过。我知道他有钱，但是我不会跟他要的。（他给我钱）那个时候我说，不用啦。他说："又不是给你的，是给小孩的，这本来就是我的责任。"我想万一（小孩子）有什么事情，开刀，情况不好，还是有笔钱比较好。我自己没所谓，但是小孩，所以我还是把钱收下来了。

阿媛把老刘给女儿的钱单独存了起来，在广州买了一套房子，登记在女儿名下，以防万一。她说："没办法啊，我想我出了什么事，就很难说了嘛，你说是不是?"老刘走后，阿媛独自在广州怀着孩子，备感压力：

> 那个时候就想着小孩平平安安出来，不要有什么事情。怕她生出来有什么缺陷了，最怕这个了。因为她爸爸也不在，要是有些缺陷，真的（承受不了），那个时候压力很大的，经常流眼泪，我有时候就说，不要想了，出去走走。最担心的就是这个孩子了。

为了避免流言蜚语，阿媛只把事情的原委告诉了高中时关系最好的一个朋友。朋友不赞成她的决定，但还是给予她关心和照顾，在她怀孕时还经常过来陪伴，帮她排遣痛苦和焦虑。孩子出生后，阿媛的母亲过来帮忙照顾。为了不让母亲担心，阿媛办了个假结婚证骗母亲说已经结婚，但孩子父亲在国外。孩子六个月后，阿媛把孩子留在了老家，由母亲照顾，自己回到广州工作挣钱。在做外贸生意的表姐的帮助下，她做起了出口服装加工，每个月能挣 4000 多元，阿媛笑笑说："别人叫老板娘老板娘，自己做什么自己知道了，都是混口饭吃了。"

阿媛现在想着就是多挣点钱，过两年把女儿接到广州上学，送去好一点的学校，把她培养成才，但她心里没底。女儿慢慢长大懂事，开始问起爸爸，如何回应女儿，也成为阿媛的一桩心事。她告诉我她经常晚上哭，觉得"压力太大"。不过她并没后悔让老刘走，也从没怪过他，"从我决定生这个女儿开始，我就决定自己带了。我就没有怪他。"

阿媛盼望能够找到一个合适的男人结婚，这样就可以把女儿接过来过上正常的家庭生活。问起对"另一半"的要求，她想了一下说：

> 要比我大，我不喜欢比我小的，要成熟；经济方面呢绝对要独立了，这没有什么好说的。（跟那个时候的标准有差别吗？）差不多。我要是没找到合适的，我宁可不要的……我不像我那些同学啊，我那些同学啊，关系都不好了，还在一起过，我不行。

在我的访谈中，"成熟"是受访女性经常提到的一个吸引她们的男性特质，尤其是受过一定教育（比如初中及以上文化）的年轻女性，格外热衷于表达对成熟男人的偏爱。她们对于成熟的理解很宽泛，甚至很含糊，但大多与男性的生活阅历和为人处世的态度有关。年龄是衡量男性是否成熟的一个实用的标准。年长的男性通常被认为生活经验较为丰富，处乱不惊，值得信赖和依靠，还可以给年轻女性提供很多有益的指导。

然而，仅仅只有数字上的年龄并不意味着成熟，也不能令一个男人胜任女伴的良师。要成为令人信服的指导者，男性需要证明自己的人生是"成功"的，而较高的事业成就和社会地位就成为他们人生成功的直接证明。一些受访者指出她们之所以会在众多追求者中选择现在的男友，其中很重要的一点是因为对方很有能力和抱负，事业成功。对于那些缺乏事业基础的男性，她们大多缺乏信任。比如，孟昀是一个 28 岁的漂亮女孩，不乏追求者，在一次访谈中，她提到了一个年轻而殷勤的追求者：

> 有一个 26 岁的男孩子，我跟他上过一次床，后来他就一直打电话给我，发短信给我。我给你读一条："孟昀，我真的很喜欢你，但是每次我找你你都说忙，我也不知道你忙些什么。我也不知道我在你心里是什么位置。有时候我觉得我自己也很傻。"他给我发很多这样的短信的，我一周就回他一条，就写，你烦不烦？

孟昀读着短信，脸上满是嘲讽和不屑。她解释道，一个总想着谈恋爱、把时间都花在了女人身上的男人，是没出息的；她看不上甚至看不起这样的男人。孟昀的前男友是一个已婚的广州男人，经营着一家小型的外贸公司。在她看来，男友有生意头脑、处事老到，特别善于和人打交道，化解生意上遇到的各种问题。尽管男友有时会粗暴地对她，但他身上成熟男人的味道深深地吸引了她，这段关系持续了将近八年之久。

研究者发现，"男高女低"的婚姻梯度是很多社会普遍存在的现象，女性嫁给年长的、社会经济地位更高的男性，而男性则迎娶年轻的、经济地位较低的女性（Fitzgerald，1999；Thai，2008）。然而，在阿媛和孟昀的故事里，我们不难看出"男高女低"不仅是一种"客观存在"的婚配模式，而且成为一种"主观体验"的恋爱心理，即对女性而言，年长有阅历、有身份地位的男性是"更值得爱慕"的对象。

小 结

2006 年 1 月 5 日，《南方周末》上刊登了一则题为《富豪征婚记》的深度报道，成为当时的热门话题。2003～2005 年，年轻的律师何鑫先后为三个自称身家过亿的富豪策划和举办了全国范围的征婚活动。这些富豪们斥百万巨资在全国各大媒体上打出巨幅征婚广告：

"男，三十有五，1 米 7 余，大型私企集团总裁，身家过亿，年入数千万。择偶条件是 20～25 岁，大专以上，身世清洁，无性经历，家境平实，官贵免谈……

"男，七十年代生人，1.70 米余，硕士学历，私企总裁，年入千万，资产过亿。择偶条件是 25 岁以下，漂亮端庄，健康开朗，清纯忠贞，无性经历……

"男，32 岁，1 米 75，仪表堂堂，大学本科学历，创业多年，资产过亿元。择偶条件是 18～23 岁，沉鱼落雁，闭月羞花。固守贞操，学历不限……"

在这些征婚广告里，富豪们毫不掩饰自己的财富，同时也赤裸裸地表达了对女伴的要求：漂亮、年轻、乖、处女。广告投放后，富豪并不出面，而是由何鑫全权负责资料收集核实，回答应征者的问询，根据富豪的要求进行初选，之后再由何鑫和富豪的助理对通过初选的女孩进行"面试"。经过几轮筛选和淘汰，最后的"入围者"得以和富豪见面相处，接受后者的"终选"。而这些富豪征婚者，从未想过（事实上也未经历）被拒绝的可能。

这些征婚广告得到了积极的回应。每则广告的应征者都超过千人，最多的一次达到了三千余人。年轻的女性们以及她们的家长发去了热情洋溢的求爱信，带上形形色色的礼物和乖巧可人的"性情"去博取"考官"们的好感，甚至在初次见面征婚者提出"如果我回家的时候很累，你会不会给我洗脚？"这样唐突的问题时，有一些人也会善解人意地回答："会。"

在媒体对一些落选女孩的采访中，一些人明确表示自己喜欢钱，并认为自己有追逐它的权利；另一些则表达了对男女之情的高度不信任，"嫁给谁都一样"，因此"嫁给普通人可能什么都得不到，嫁给有钱人至少可以得到钱"。还有一些人则强调倾慕征婚者的高素质，他们有抱负、有能力、努力勤勉、坚持不懈，而巨额财富正是他们高素质的明证。①

在当今中国社会，随着"男主外、女主内"的婚姻价值观的盛行，男性在婚姻市场上的价值与其社会经济地位紧密挂钩。对男性的养家责任的强调，使得社会经济地位较高的男性在婚姻市场更受青睐，同时也降低了低阶层男性的婚配机会。男性的经济实力和社会关系可以给予女伴稳定乃至体面的物质生活，并将其社会地位优势部分地转移给女伴。

---

① 李海鹏：《富豪征婚记》，《南方周末》2006 年 1 月 5 日，http：//www. 360doc. com/content/06/0106/13/4363_ 54699. shtml。

然而，金钱和社会地位不仅具有"工具性"的价值，还是对人群进行区分的一种符号化边界，是评价个体是否有价值的（worthy）的重要标准（Lamont，1992）。在市场社会中，经济资源可以通过各种消费行为转化为社会场域中的地位，获得他人的认可和看重（Thai，2008）。在市场化的中国，经济上的成功亦已转化为男性身上某种有价值的个体品质，成为一种被推崇的男性特质的内在要素，构成男性"是否值得被爱"的一个判断标准。拥有稳定的收入，能够"养家"成为男性作为"可欲"的婚配对象的基础，而事业成功、阅历丰富则进一步增加了男性的吸引力。透过性别化的道德棱镜和情感投射，"养家"透视男性的"（家庭）责任感"和"担当"。事业成就、见识眼界则成为男性个人素质和能力的重要体现。换言之，男性的经济能力和社会地位不仅是一个可以增加男性吸引力的外在"条件"，而且俨然构成男性引发女性爱慕情感的内在"魅力"，印证着男人的个人特质。

或许，阿润和阿媛跟不少热情响应富豪征婚的年轻姑娘一样，希望找到一个能让自己"安心"又"动心"的男人，过上一辈子幸福的生活。只不过在阶层分化加剧、"好男人抢手"的残酷现实下，她们正是不幸落选的大多数。

第六章　当孩子呱呱坠地：生育与
关系的长久化

　　一个闷热的夏日午后，李雅和我相约逛街。李雅想买双新凉鞋，我们到了南苑鞋城。这是位于宁波市中心的一家老牌的鞋城，于1990年代开张营业，汇集了国内各大中高档皮鞋品牌和一些国际运动品牌，是当时宁波高档的购物场所之一。进入21世纪后，随着一些销售国际知名品牌的购物中心的兴起，南苑鞋城已经慢慢变成一个以品种繁多取胜的中档商场。我们在一、二层的女鞋区逛了半个小时，看了很多不同款式的女鞋。李雅看中了两双黑色凉鞋，价格都在150元上下，一双是系扣小高跟凉鞋，另一双则是贴满亮片的坡跟人字拖。她来回试了七八次，拿不定主意选哪双。

　　最终，她决定买那双样式较为保守的凉鞋。"我不是小姑娘了，我是当妈的人了，"她看着我说，"我老公也不会喜欢这双拖鞋的，太闪了，他肯定会说穿了像酒吧陪酒的。"说着，她又看了一眼那双亮闪闪的人字拖，放回货架上。19岁的李雅，来自安徽农村，脸上还长着青春痘，眼里还满是对人字拖的不舍，却已经有了一岁多的女儿。她口里的"老公"是老虞，宁波本地人，做建材生意，42 岁，已有家室。

买完黑色凉鞋，李雅想看有没有合适的鞋可以买给老虞，我们来到了三层的男鞋区。男鞋区的规模小很多，但李雅的脚步却慢了下来。她在不同品牌的专区徘徊，挑出几双进行比较，要挑出一双中意的男鞋并不容易——有的颜色不中意，有的款式太过老气，还有的质量不行，或者牌子没听说过。在男鞋区晃悠了大约 45 分钟后，她终于看中了一双菱形暗格的男士休闲鞋。她从鞋架上取下这双鞋，从里到外看了好几遍。"这双看着很高档，"她大声说道，"康奈这个牌子也不错，我以前给我老公买过。"仔细检查一番后，她买下了这双鞋。买完鞋，李雅很高兴，她已经习惯在逛街的时候给老虞买东西了，"自己男人总要对他好一点"。李雅表示自从有了女儿后，她对老虞的态度就变了，这辈子跟定他了。

在前几章中，我已指出，对多数受访女性而言，与已婚男性的婚外情是一种临时的、缺乏长相厮守承诺的、充满了不确定性的关系，随时面临着结束的可能。然而，和李雅一样，少数女性对所处的关系也带有某种更类似婚姻的"永久性"期待，而在这些关系中往往男女双方生育了孩子或打算生育孩子。

在正式婚姻里，生育往往被理解为对夫妻关系的"完成"，也是对女性家庭地位的确认和保障（费孝通，1998；李霞，2010）。费孝通指出，婚姻作为一种社会制度，其目的是完成社会结构中的基本三角——父母子构成的家庭，"夫妇不只是男女间的两性关系，而且还是共同向儿女负责的合作关系。在这个婚姻的契约中同时缔结了两种相联的社会关系——夫妇和亲子"。（费孝通，1998：159）从这个意义上来说，孩子的出生是夫妇关系完成的条件。费孝通写道："若没有孩子联系成三角，则被联的男女，并没有完全达到夫妇关系，社会对他们时常另眼相看，这是一种过渡性的身份。孩子的出世才完成了正常的夫妇关系，稳定和充实了他们全面合作的生活。"（费孝通，1998：163）对妇女而言，生育具有身份确认的意义。妇女在嫁入男方家庭未生孩子之前，她在夫家的位置和权力也不稳固。只有生了孩子后，她才被当成家庭的一分子，才有一定的说话权（费孝通，1998；李霞，2010）。[①]

对正式婚姻而言，生育往往是一个被预设、被动员甚至被要求的部分。[②] 然而，在婚外包养这样的非制度化的亲密关系里，生育的意义则不相同。在我的调研中，人们尽量避免"弄出小孩"来，他们采取避孕措施，不少女性也因意外怀孕而主动堕胎。婚外生子面临着显而易见的制度阻碍和"后患无穷"的社会后果，是需要避免的。正因如此，决定生下孩子，往往意味着亲

[①] 李霞对河北农村的田野调查也显示，在当代中国乡村，对于妇女及其家庭而言，生育第一个孩子的标志性意义甚至比结婚还大。在婚礼中，生育始终是围绕新娘的各种仪式的意义中心，甚至可以说，妇女是以未来孩子母亲的身份被娶进来的。新妇在夫家的身份和地位的进一步确认，一个重要步骤就是她的生育。在生了孩子之后，在婆家以及婆家的村里，新媳妇更多地被长辈或平辈中的年长者称为"某某的娘"。新的称呼标志着她开始以夫家后代的母亲身份出现，在夫家中有了一定的地位，而在现实生活中，她也由此开始逐渐融入夫家村庄的生活（李霞，2010）。

[②] 在现代社会，婚姻形态的多样化、婚姻稳定性的下降，以及丁克家庭、单亲家庭等家庭形式的出现，在一定程度上冲击了"生育"与"夫妻"的捆绑关系，现代的婚姻观念也更为强调夫妻之间的"情感纽带"。但带着"生育预设"的婚姻观依旧盛行，这一方面跟国家通过"计划生育"管理将婚姻与生育紧密结合在一起的制度安排有关；另一方面，随着婚前性行为增多，婚姻和性开始逐渐"脱钩"，生育反而在一定程度上成为"结婚"的契机和理由。比如，在调研期间，我曾向几个相熟的女性受访者提及自己打算与男友结婚，她们的第一反应是："你怀孕了吗？"

密关系发生了质的变化。孕育孩子成为双方愿意将关系长久化的一种证明，将不稳定的、承载多种欲望的婚外亲密关系转化为相对稳定的、更多强调责任的"类婚姻关系"。在这个过程中，双方的关系认知、经济往来、互动方式和相互责任都发生了一系列的变化。

"女人嘛，总是要找个对自己好的"

李雅 14 岁初中没毕业就来到宁波闯荡。凭着 172 厘米的好身材，她当了几年业余模特，认识了不少跑"夜场"和混"社会"的朋友。遇到老虞的时候，她在朋友介绍的一家小夜总会当妈咪，手下有七八个小姐。李雅长得不算美艳，但是年轻、高挑、性格甜美，成为店里客人追捧的对象，说起那段光辉岁月，李雅还有点小得意："很多人就是要我陪他们，不要小姐的。"

在老虞之前，李雅谈过两次恋爱，身边一直不乏有钱的追求者。老虞对她一见钟情，每天都去夜总会看她，给她打电话，送她各种礼物，但李雅一直没有答应。她心里一直装着一个人——名牌大学毕业、风度翩翩、做进出口贸易的小孙。两人几年前在夜总会结识，一直保持联系。但小孙有门当户对、谈婚论嫁的女朋友，对李雅若即若离。老虞疯狂追求了李雅六个月后，突然消失，既不来看她也不给她打电话（事后李雅得知这是朋友教给老虞的欲擒故纵之计）。习惯了被捧在手心里的李雅备感失落，忍不住主动给老虞打了电话，接受了他的追求。

她搬到老虞租的一套 100 多平方米的三居室公寓里，并应他的要求辞了工作。一开始，李雅也没有把两人的关系做长期打算，跟第四章里的阿芳相似，与老虞的同居生活更像是暂时离开常规生活轨迹，"玩儿几个月"。只不过与阿芳相比，李雅感受到更多的"浪漫"与"甜蜜"。李雅一脸幸福地回忆起两人同居初期的如胶似漆："我老公那时候每天跟我在一起，每天上两个小时的班，生意也不做了……他后来跟我说，为了追你，我损失了几百万。"在李雅看来，被男人迷恋、在意和捧在手心至关重要，是女人幸福的最主要来源。"女人嘛，总是要找个对自己好的，"她带着饱经风霜的口气说，"以前我对小孙那么好，他都不愿意搭理我的，（我有什么事情）他从来不来管我的。"

与李雅的满足感相比，26岁的阿萍回忆起八年前与男友王铭新在一起的情形，依旧带着爱恨交织的复杂情绪。她感叹要不是对方"死缠烂打"、"把生米煮成了熟饭"，自己不会跟他在一起。

阿萍来自湖北，十六七岁时跟着大哥来到广州。一时没找到合适的工作，阿萍就在夜总会当部长。阿萍长得清纯可人，追求者络绎不绝，从有钱的大老板到年轻的小靓仔，这其中包括承包工程的广州本地人王铭新，但她根本瞧不上眼。阿萍说："我当时很傲气的，觉得自己很好，不想跟这些人在一起。"然而，一次阿萍不小心被灌醉了，醒来发现和王铭新睡在一张床上。她又懊恼又生气，为了"报复"就答应和他在一起，胡乱地花他的钱。[①] 阿萍说："有天他喝醉了，我就拿着他的包给那些小姐啊、服务生啊派小费，他包里有两万多块钱，结果除了结账的几千块，都被我派完了。"王铭新对此毫不计较。他愿意宠阿萍，但也管着她，生怕被别的男人抢走，阿萍说：

---

① 从法律角度而言，在当事人缺乏清醒意识的状况下进行的性行为构成强奸行为。但在调研中，我发现这样的事件在酒吧、卡拉OK厅的小姐和女服务员中"司空见惯"，而极少有人为此提出法律诉讼，大多自认倒霉或想办法获得一些经济补偿。

我们家王铭新对我看得很紧的，一天不见都想。刚开始的时候一天都有很多电话的，到现在也至少一天有一个电话。他出去应酬都带着我，有一次他的朋友不让就没带，叫了小姐，结果他没过二十分钟就出去给我打电话，把小姐撂在一边。有的时候我出去玩，他一会儿就打个电话来问，几点回来啊？我说，12点。到了12点了又来一个，怎么还没回来啊？我再说，哦，还在消夜，1点。反正他对我管得很严的，我没有什么异性朋友的，只要接异性电话，接一个就吵架。

刚在一起时，阿萍和男友争吵不断。生气的阿萍常常"离家出走"闹分手，每次男友都会把她的电话打爆，开车满广州找她，努力挽回。阿萍回忆道："有一次吵架，他打我电话，我不接，他就给我朋友打电话，后来就开车到这边（朋友家）。我不肯跟他回去，他就在楼下站了两个小时，我扛不住了，跟他走了。"

不少受访女性都乐意讲述男友对自己的爱恋。当被问及恋情是如何开始的，她们都纷纷表示是在男友的猛烈追求下才同意在一起的。强调男性在建立婚外情关系时的强势主导，一定程度上可视为女性的一种自我辩解：作为男性欲望的被动的（甚至是不得已的）接受者，她们不必对这段备受道德谴责的亲密关系负主要责任。而这些关于男友的钟情与痴恋的叙述还传递出一些重要信息：当市场改革后婚恋家庭成为建构女性气质和自我认同的核心领域，女性身份更多作为情欲对象被强调（罗丽莎，2006；Barlow，1994），于是，被男性渴望成为女性魅力和价值的直观体现；男性的意愿和付出构成了关系性质和认真程度的基础，这些都影响着女性对关系的判断和投入程度。

"生小孩"与关系的质变

李雅和老虞同居几个月后，发现自己怀孕了。刚得知自己怀孕的消息时，她想打胎，她才 17 岁，"还没玩够呢"，"不想被孩子绑住"。但老虞却很兴奋，坚持要留下这个孩子。他强调自己作为父亲的权利，"这个孩子是你的，也是我的"，不让李雅打胎。老虞也毫不掩饰自己对孩子的在意和喜爱。他带挺着大肚子的李雅出去见朋友，自豪地宣布将为人父的喜讯。在得知李雅怀的是女儿后，他的态度也丝毫未变，表示"自己生的不管猪啊狗啊，都是自己的"。在老虞的软磨硬泡下，李雅生下了女儿。对老虞的坚持，李雅如此理解："他也是想留住我嘛，两个人一起生小孩了我就不容易走了。"

李雅有几个女朋友，也和已婚男人在一起生活。在李雅看来，生下女儿彻底将自己与她们区别开来，她说：

> 她们不想生是一个原因，不敢生也是一个原因。我胆子大。然后我这个人就是认定了一个就是这个了，我没有想过以后还要跟别的男人在一起。（她们另外再找吗？）肯定有这样想的，现在靠这个男的要点钱，差不多了回家结婚算了。像琴琴她要结婚去了，家里对象是人家介绍的。她们都是这样的，想要回家结婚的，不像我，认定这个了就是这个了。就是这样的，我就是认定一个就是这个了。虽然家里也要求，但是我就是考虑得比较简单的，不会像人家那样考虑这个那个。我心里面就是这样想的，如果两个人生活在一起，

> 我只要有感觉（其他）我就不管了。我们是有感情在一起，
> 不然我怎么会生了女儿？

在李雅的论述中，"生育"意味着将一时的浪漫情感"升华"和"结晶"成一世的长相厮守。"敢生孩子"将她与老虞的关系长期化，区别于将亲密关系当作攫取经济资源的短期投资行为。敢跟一个男人生孩子，证明她与这个男人之间的长久承诺，"认定了这个人"，而这种长久承诺是建立在彼此吸引的情感基础之上的，"有感觉（其他）我就不管了"。

对女性而言，未婚生子意味着要承受额外的现实和道德挑战：在制度和观念层面上，生育与婚姻相互捆绑；尽管法律规定非婚生子与婚内生子享有同等的权利，但由于计划生育政策对于生育流程的一系列要求，非婚生子往往难以通过常规程序获得户口及相关福利；私生子的社会污名也将给未婚妈妈的生活带来诸多艰辛和不确定性。

对男性而言，婚外生子往往意味着无穷的"麻烦"：私生子是其婚姻不忠的铁证，使其婚外关系更容易曝光于其意图隐瞒的对象（比如妻子）面前；非婚生子女具有的抚养权、继承权等合法权利，意味着男性需要承担相对长期的责任，甚至会对其正式家庭造成极大影响。换言之，非婚生子增加了男性抽离婚外亲密关系的难度和成本，还可能对男性的家庭、声誉和社会地位造成负面影响。

因此，在我调查的案例中，多数人将婚外包养视为一种基于双方意愿或需求、不具长期承诺、充满不确定性的亲密关系，不倾向于因生育而陷入较为被动的境地。包养关系中的女性大多采取避孕措施，如果意外怀孕，也大多选择打胎。正是在这个意义

上，李雅将"敢生孩子"视作两人之间基于情感的长期承诺，因为"有感情"而愿意赌上自己的名声和未来，将自己托付于一个尚未缔结正式婚姻的男人；而男伴坚持留下孩子也成为他的"誓言"——愿意对李雅母女承担长久责任。

在李雅的案例中，怀上孩子是一个意外，而决定生下孩子意味着关系性质的巨大转变。而在阿萍的案例中，生育决定则为亲密关系长期化加上了一道保险。阿萍和男友同居多年后，两人从一开始的吵吵闹闹、猜疑、"报复"，变成了相互依赖和信任，互称"老公"、"老婆"。男友给阿萍在广州买了两套房子，一套120平方米的三居室给阿萍自住，另一套让阿萍租出去收租。此外，他还给阿萍每个月上万块的家用，每周一大半的晚上都回阿萍的住所吃饭、过夜。阿萍认识的一些女伴，她们的男友在关系稳定后逐渐冷淡，相比之下，阿萍觉得自己还是"幸运"的，能得到持久的宠爱和善待。阿萍说：

> 我们在一起那么久了，分分合合，开心的、不开心的、甜蜜的都经历过了。他对我还是挺好的，他都带我出去玩，我们也一起去旅行，很多地方都去过了。幸亏也是他对我好，管得紧，不然我早就飞掉了。

阿萍自嘲一时赌气答应跟男友在一起，结果"把自己给搭进去了"。朝夕相处，曾经不如意的对象慢慢转变成亲密的爱人，阿萍渐渐对男友产生了强烈的依赖感：

> 我跟他吵架都过不了一天的，我都忍不住要给他电话的。如果第二天他没有给我电话，我就会忍不住了。有一次我都拿着行李搬到朋友家里了，我朋友跟我说不要打不要

打，一定要忍住，结果我在另外一个房间，到了第二天晚上就忍不住了，还是打了，他就把我接走了。

王铭新称阿萍为"这辈子最爱的女人"，答应一辈子养她、照顾她，阿萍也觉得自己可能再也找不到对自己这么好的人。阿萍把自己的情况告诉了家人，父母一开始难以接受，但在阿萍的坚持下，他们来到广州，亲眼看到阿萍的处境并受到王铭新的款待，后来也慢慢接受了这个事实。

在缔结了相守一生的誓言后，阿萍萌生了当母亲的念头，身边的朋友和家人也劝说她既然想跟那个男人一辈子，那就生个儿子，"当爹的总是要管儿子的，这样你也有保障了"。起初男友不同意，阿萍以分手要挟，他最后妥协了。阿萍怀的第一胎，做B超时托人看了性别，发现是个女孩，男友不想要，阿萍内心很挣扎，最后做了流产，身心俱损，修养多时才恢复过来。之后阿萍求了很多生儿子的方子，终于再次怀上。尽管万分期盼是个男孩，但阿萍和男友已经商定，这一次不管是男是女都不打胎了，"太伤身体了"。

从"女朋友"到"老婆"

有了孩子之后，李雅慢慢觉得自己与老虞的相处方式也发生了变化。首先体现在对待钱的态度上，李雅说：

> 她们（女朋友们）常说，我老公对我多好多好，给我买什么什么。那肯定的是吧，我老公一开始的时候也是这样的。我老公现在就是说，我现在在外面累死累活的为什么？不都是为了你和孩子啊？他说积（攒）了钱给谁啊，还不是

给你和孩子。

李雅清晰地记得一次她翻到一张老虞的存折，发现存款从几十万逐渐变成了"0"，正纳闷着，被老虞发现了，打趣问她看到了什么，李雅嘀咕了一句"有也不是我的"。老虞马上反驳说："怎么不是你的？我的钱也有你的一份。"这一句"我的钱也有你的一份"让李雅确信了自己在老虞心里的地位，"反正他这样的话说出来，对吧？就像自己老婆一样的"。而李雅也开始把老虞的钱当作自己的钱，不胡乱花，最近连逛街和打麻将都少了。李雅解释说：

> 女朋友跟老婆不同，如果是那种情人，那就是想着多花一点，乱花钱的；如果是自己人，是老婆了的话，那就是要省着点花了，不舍得花了。心态上是很不同的。我刚开始的时候也是乱花钱的，把他的钱不当钱的，现在不一样了……我现在打麻将也少了，在家看电视，看电视花的是电费。打麻将是电费的多少倍啊，我今年打麻将已经输了好几万块了。

和李雅一样，阿萍跟男友在一起以后也过上了闲适的生活。男友承包建筑工程，开始几年赚了不少钱，出手阔绰，经常送阿萍昂贵的礼物，带阿萍出入高档餐馆和各种夜场。阿萍打麻将一场输个一两万元也是常有的事情，没钱了就找男友要，或偷偷从男友的钱包里抽一两千元。男友虽然责备她"吃里爬外的东西，我给你发工资你给别人发工资啊"，但给钱却很豪爽。最近几年男友的生意不如以往，赚钱少了，阿萍的麻将也打少了，有时男友怕她在家里闷，让她去打麻将解闷，她也不怎么去了。阿萍说：

> 其实玩麻将这些的人都没有真的能赢钱的，都是输的。因

为今天你赢钱了，明天我赢钱了，赢了钱就去消费啊，买这个买那个，去吃饭啊，泡吧啊，都消费掉了，因为赢来的钱总觉得不是钱，但是输了钱则是从自己的口袋里掏出来的。

作为"老婆"，李雅对老公"回家"有很高的要求。过了最初几个月的"我买菜你做饭"、"我洗碗你拖地"、"一起看电视"的同居蜜月期，老虞又忙起生意来，晚上常要应酬，难得回家吃饭，有时晚上直接住在厂里，其余的日子就两个家分别住。如果老虞回李雅这边少了，李雅就会"理直气壮"地发脾气，要求老虞回家。对比女朋友们的男友从不过夜的经历，李雅有底气地说：

> 我们两个不一样，我们生了孩子，有的时候他说他老婆要他回家，我说那我呢？你把我当什么？还有一点就是我跟他说，你要是老不回家，你要我这个老婆做什么？比如琴琴吧，他找的这个老公，两个人在一起五六年了，那个男的从来不在她那里过一个晚上的。两个人要在一起就是白天，到了5点、6点就要回家了，最晚就是11点，还是那个男的应酬要出来，那你说吧。她们找的老公都是照顾家里，一个月陪她们没几次的，但我不一样啊。我老公一个礼拜至少回来二个晚上，他要是不回来，我老早发飙了。他也没话说的。你老婆要你照顾，那我呢？我就这样跟他说，他是你老婆，那我是你什么人啊？他就过来了。就是这样子了，我觉得好一点，别的优势都没有。

对阿萍来说，"老公"王铭新则不用要求就会来她这里。除了一些特定的节假日和特殊情况必须回到"法定妻子"的家里，其他的日子他都陪在"最爱的女人"身边。阿萍说："有时候我跟他生气的时候说，你不要回来了，他说这是他的家，他怎么能不回？"

要求老公回"家"，是"老婆"的权利，也是对比"女朋友"最大的优势。但成了"老婆"以后，就不能随便参加老公的应酬活动。李雅刚开始和老虞在一起的时候，老虞晚上有应酬都要带着她。热情而又乖巧的李雅很讨老虞朋友们的喜欢，让老虞赚足了面子。怀孕五六个月的时候，李雅还经常挺着大肚子跟着老虞一起去餐厅和夜总会见客户。但孩子办了周岁酒席后，老虞就很少带李雅去应酬了。李雅调侃老虞："你现在倒好了，把我像宝一样放在家里了哦。"她也自嘲现在和"黄脸婆"没啥两样了。生性活泼的她不爱闷在家里，更喜欢夜场的灯红酒绿，但对老公的转变，她这么跟我解释：

> 我们现在这么久了，也跟夫妻一样了，我是这样子想的，所以我也没有跟他闹，要是照我以前的性格的话我也会跟他闹的。他能这样做的话，也就是把我当自己老婆一样的。我觉得这样子还好一点，不然的话老是把我叫出去，带出去，就跟情人一样的，人家也是会想的。

接着，我和李雅就为什么不能带老婆出去进行了一番讨论：

肖：自己老婆为什么不能带出去呢？

李：那他的朋友肯定要说了，天下的女人都没了啊，自己老婆也要带出来，省小费啊，没小费啊我给。

肖：他的朋友会激他？

李：对啊，肯定会激他的嘛。（以前在夜总会工作的时候）我都激了好几次了，世界上没女人了，把自己老婆带出来。这句话还是我说的，后来用到他身上，就是这样子。

肖：他们的朋友认为老婆就不该带出去，就该在家里待着？

李：那肯定是这样子的。你看小孙带自己老婆伐？除非是自己公司里面度假啊，把自己老婆带出来，没关系。平时他要去哪个 KTV 见客户啊，去哪个酒吧，他会把他老婆带出来？不可能的事情。

肖：那出去就带女朋友或者叫小姐？

李：对啊。老婆就是应该在家里带孩子，做家务的这种。

肖：那他现在出去会叫小姐吗？

李：小姐肯定是会叫的。不可能不叫的。我跟他说过了，你叫小姐没关系的，不要乱来就行了。他说没关系的，我只做三陪，不做四陪的，陪吃陪喝陪笑，不陪搞。反正我们两个也是什么话都说的。

在老虞身处的商人世界里，家庭和应酬活动属于不同的空间，有着不同的规则和女性角色。前者集中体现男性责任感和主流归属，女性需要扮演恪守妇道、相夫教子的贤妻角色；而后者则是通过集体性的女色消费、寻求刺激和私欲满足来缔结兄弟情谊、筛选同伴，在这一空间里，需要能协助完成阶层化的男性气质表演的女伴角色，比如"小姐"和"情人/女朋友"。作为"老婆"，关系的维系依赖各自义务的完成和较为长久的相互责任；作为"情人/女朋友"，关系的维系则依赖男性的激情与宠爱，其间包含了帮助男伴完成欲望主体的建构，协助他进行商业应酬活动。李雅从"女朋友"变为"老婆"，从"陪同应酬"到"圈养在家"，意味着她从欲望导向的、充满不确定性的关系进入了责任导向的、相对长期稳定的关系。她有权要求"老公"回家，甚至要求其保持"性忠贞"（不要乱来），对"家庭"财务状况有长期规划并负一定的责任（不乱花钱）。与此同时，她也从属于那个她叫作"老公"的男人，不得不从各种充斥着男性欲望的声色场所撤离，失去了在亲密关系市场中的选择机会和议价资格。

"只要我们不吵不闹，一辈子肯定过得完"

李雅和老虞在一起快三年了。老虞从一开始的千依百顺、万般讨好慢慢恢复了"真面目"。尽管时有争执，但李雅已然"跟定了他"。

> 开始的时候他还会经常陪我逛街啊什么的。我说，你呀，把我骗上床了就好了。他说，男人嘛，就是想着这个事情，做好了就没事了。男人没什么好东西的。他说我到外面也找不到比他好的了，他对我很好的了。不过我知道他真的对我很好，我现在也不会去想再到外面找一个了。两个人吵架归吵架，但也不会说再想找一个了。

李雅坦言女儿出生后，她的想法发生了巨大转变。她说："其实在没有生我女儿以前，我心里还在想，如果他跟他老婆离婚的话，我会不会跟他结婚，那个时候还是个未知数。但是现在吧，他跟他老婆离婚，我肯定是跟他的。"生下女儿后，李雅带老虞见了自己的父母，父母一开始"很火大"，不同意，但看着外孙女"就心软了"。李雅也告诉父母老虞会跟老婆离婚，然后娶她，父母慢慢就默许了。李雅计划着在老家办酒席，给父母一个交代，"我们下半年回去办一下，就当结婚酒了，以后嘛直接领结婚证就行了。就没那么麻烦了。我们那边嫁女儿如果嫁到外面的话都没有什么声音的。反正男方吃一顿饭"。

虽然跟父母信誓旦旦说会结婚，但李雅自己很清楚，让老虞离婚并不是一件容易的事。老虞的妻子是宁波本地人，比老虞小五六岁，在老虞的厂里管财务。李雅还曾经撞见过老虞妻子几次，惊叹对方"很有气质"、"保养得很好"、"30多岁了看上去还跟20多岁一样"。她曾好奇地问老虞家里有这么漂亮的老婆为什么还要在外面找，老虞总是不正经地回答"家花没有野花香"。他告诉李雅自己和妻子是别人介绍认识的，到了结婚年龄就领证结婚了，两个人除了工作平时没有话说，很少互相关心；结婚十多年了，也一直没有孩子。尽管没有感情，他却没有离婚的打算。李雅说：

> 他（老虞）跟我说，我呢，离婚是不会离的。他觉得一个男人如果结了婚又离婚的话是很失败的。他就是大男子主义了……他认识的人里面没有离婚的吧。做生意的这些人很多都不愿意离婚的。第一，离婚呢，财产要分割；第二，他们也是碍着面子。而且现在他跟他老婆离婚很麻烦的了，很多事情都在她手上。

与老虞的妻子相反，李雅缺乏正式婚姻的保障，她依赖的是老虞建立在感情基础上的对于长期关系的许诺。李雅说：

> 我有时候问他，你跟你老婆没感情，跟我就有感情啊，他说我们两个不一样的，我们两个自由恋爱的。只要我们不吵不闹，一辈子肯定过得完……他是这样子说，只要你不在外面乱来，我们会在一起一辈子的。你不要烦哦，不要牵扯到我家里面，不要牵扯到我厂里面，我有的你也会有。他就是这么一句话。

与同龄的女孩相比，李雅乖巧懂事，知道体贴"老公"。比如老虞答应李雅晚上回家陪她，但有时候应酬晚了，李雅会主动跟他说，太累了就不用特意过来，早点休息，说得老虞心里暖暖的，夸她"还是你心疼我，我老婆（原配妻子）从来没有说过这种话"。两年多的相处也让李雅渐渐摸着了老虞的脾气，吃软不吃硬，只能顺毛摸，不能对着干，李雅说：

> 他也挺让着我的，就是从来不认错。反正吵架的时候你不能跟他说硬话，你要是说硬话，他就跟蛇一样了。吵架的时候你跟他说你错了，以后不会这样子了，他就马上好了，说，没事了，你在家待着吧。

但两人相处难免争执，有时候火上来了，不到 20 岁的李雅也会耍脾气发飙，偶尔老虞会哄，但惹得老虞生气了，事情就麻烦了。比如，生了女儿之后，老虞答应给李雅买房子，准备了一百多万，也看了几处楼盘，打算出手时两人因琐事起了误会，闹别扭闹了半个多月。和好以后，李雅发现老虞已经拿这笔钱和朋友一起投资了一套公寓楼，手头没现钱给李雅买房了。李雅埋怨老虞说话不算数，老虞则责备她"谁让你这段时间老跟我吵架呢？怪来怪去都怪你自己，成天跟我闹，我一生气就不给你买"。李雅有点懊恼，"这下亏大了，房子也没了"。

李雅对老虞未能如期给她买房无可奈何，谈到老虞是否能对她保持情感"专一"，李雅也打算保持一种随遇而安的态度，她说：

> 外面要是有女的，我也打算睁一只眼闭一只眼，也只能平常跟他说说，开玩笑说说，有女人啊，这样子。反正我现在就是这样想，他也没这个精力，家里有这么多事情要管，有孩子要管，有两个老婆要养，他还能在外面搞，那我也是很佩服他了。

即便老虞一辈子对她不离不弃，二十多岁的年龄差距让李雅对下半辈子的生活保障也有所顾虑。她有时候调侃老虞："你最好要活到 80 岁，你要是不活到 80 岁的话，以后谁养我啊？你死了我怎么办啊？你 80 岁的时候我才 60 岁呢。他说那你再去找一个，我说，找什么啊，那么大的岁数了，哪里去找啊？"

不过那都是以后了，李雅不愿意想太多。再说，有了孩子是她最大的定心丸。老虞疼女儿，肯定不舍得她们母女受苦；她老了也有女儿可依靠，"反正我现在有了女儿不一样了。我有了女儿她以后就能（养我）"。父母让她赶紧再生个儿子，"养儿防老"，更有保障，李雅嫌累还不想生，"过几年再说吧"。

小　结

在我的调研中，有四个女性受访者跟男伴生了孩子或打算生孩子，李雅、阿萍、Jamie 和第五章中的阿媛。[①] 除了阿媛因担心损害对方名誉而与男伴分手，对其他三人来说，生育意味着亲密关系的长久化。她们主动选择了生育，将充满变数的婚外情人关系转化为期许长相厮守的类婚姻关系。很大程度上来说，生育在婚姻关系里的核心地位，尤其是对女性地位的确认和保障，构成了非制度性的婚外亲密关系的"类婚姻"转向的文化基础。然而，在非婚生育的案例中，生育被赋予了新的意义。浪漫爱情话语成为婚外亲密关系中生育决定可表达的合法性依据。生育被强化为浪漫情感的一种"升华"，也促使双方为更长期的相互责任做出安排。在这个转变中，情感、欲望与责任互相交织：因为"有感情"，"认定了对方"，所以"敢生孩子"；而生育也将双方更为紧密地捆绑在一起，男性对子嗣的责任和重视，也演变为对孩子母亲长久责任的一种保障。双方的关系被重新定义，带来彼此之间权利、责任、经济往来和互动方式的一系列转变。

伴随着婚外亲密关系的"类婚姻"转向，"二奶"在获得一部分"老婆"的权力的同时，也进一步被"私属化"和"圈养"起来。在从"情人"转变成另一个"老婆"的过程中，她们被

---

① Jamie 是广州本地姑娘，跟 4S 店老板郑猛在一起 3 年多了，郑猛给她买了一套一居室的公寓和一辆经济型小车。在朋友们看来，郑猛非常霸道，他不准 Jamie 跟其他男人有来往，但自己却经常在外面扣女，有时候被 Jamie 抓包，两人吵到要死要活，还得靠朋友们去解围。尽管如此，Jamie 还是希望把关系"定"下来。她 27 岁了，觉得不像十年前刚开始混社会的时候"一切皆有可能"，自己已经耗不起了，再找个经济稳定、能照顾她且自己也有感觉的男人怕是不容易了，还不如就"跟定"郑猛。郑猛明确说过不可能离婚，Jamie 就打算跟他生个孩子，算是有个"保障"。为了怀上孩子，Jamie 早早地吃上了叶酸，换上平跟鞋，卸掉浓妆，学习各种孕产知识；她还到处求神问医，祈求怀个男孩。郑猛一开始不同意，但在她的软磨硬泡下，答应只要她不牵扯到他的家庭，就随她去；承诺等她怀了孩子以后给她换套大一点的公寓。

"圈养"在家中，与那些她们可以交换身体资本的"花花世界"隔绝开来，以维系一个合格的"老婆"的形象，这也意味着她们失去了在亲密关系中议价的重要筹码。她们开始像"老婆"那样要求男人"回家"、"养家"，也不得不像"老婆"那样对男人的"风流韵事"睁一只眼闭一只眼。然而，和合法妻子的权利有（一定的）法律保障和社会支持不同，她们更多依赖的是男人的感情承诺以及她们对此的信心——这是她们的优势，也是她们的无奈。

第七章　在欲望与责任之间：男人自白

"我从 1999 年一直就在广州待，也很少回家的。怎么说呢，也许是跟自己的老婆感情不好吧。假如老婆对我好的话，我也舍不得老在外面跑。怎么说呢，一个男人也有那种需要，这也是正常的，不是说我就是花心，这是正常的。"小徐一边招呼我喝水，一边用余光打量我的反应，见我微微点头，并无异色，继续道："我现在这个（女朋友），我家里都知道，我老婆也什么都知道。我们十来年夫妻，我们从来也不会为这个吵架。"

小徐，31 岁，中等个头，五官清秀，声音也很柔和。我坐在他在广州的出租屋里破旧的沙发上，听他不紧不慢地讲述自己的经历。小徐老家在汕头，结婚十年，有两个孩子。1990 年代中期开始在老家做假烟生意，发了点小财，玩六合彩输光后便来了广州。闯荡江湖十多年，经济上起起落落，但身边的女人却一直没断，有他真心喜欢死缠烂打的，也有对他钟情有加死心塌地的，他半调侃地总结说："我这个人，财运是没有，桃花运老是有。"

在对男性的访谈和闲聊中，我通常会问他们如何看待自己的婚外关系，和小徐一样，"这是正常的"几乎是所有男人的第一反应。① 这些男人的年龄、籍贯、受教育程度、经济状况都不尽相同：有的常年离妻别子外出赚钱，有的活了几十年也没离开过故乡；有的和妻子关系不睦，也有的自认为关系还不错。把婚外亲密关系视作"正常的"很大程度上是他们的自我辩解，但值得寻味的是他们围绕着"这是正常"的各种说法，以及这些说法背后的社会文化意涵。

本章重点讨论男性穿梭于婚姻、家庭和婚外情之间的经历、感受和认识，他们如何解释自己的婚外亲密关系？如何为自己不符合主流道德的"出轨"行为辩护？如何理解婚姻？对于这些问题的讨论，将进一步厘清个体与家庭、亲密关系与婚姻制度之间的张力，以及隐含于其中的性别规则和阶层符码。我先从很多男性解释为何有婚外情的一个常见说法——婚姻不幸福开始说起。这些身处不同社会位置的男人，他们的婚姻"各有各的不幸"。

小徐："要是老婆对我好，我也不会在外面找。"

小徐小学毕业就出来混，用他自己的话说，"不爱读书，爱玩"，只能"找门路"做生意。他父亲和爷爷都是做生意的，他自嘲说："要说大钱没有，小钱不缺，可能从小我就玩惯了。"他认识的人也大多没念过几年书，早早就出来做生意了。潮汕人有做生意的传统，信奉"生意小小也可以发家"，小徐颇为羡慕地提到自己的邻居，"一个字都不认识，现在都发大财"。

---

① 在本章中，涉及的案例包含了更为宽泛的男性婚外情的情况，而不仅局限于包养案例。这在一定程度上受制于材料的有限性。更为重要的是，男性在讨论亲密关系与婚姻制度、个体与家庭之间的关系时，不同类型的婚外情案例并没有显著的差异，因此放在一起进行分析。

小徐 20 岁的时候家里托媒人给说了个对象，本地姑娘，母亲过世了，哥哥嫂嫂在香港做生意。其实小徐当时他自己谈着一个女朋友，外地的，家里不同意，"在我们那儿就没什么人娶外地女的，"小徐说，"我糊里糊涂的，听我老爸老妈这么说了，也许我自己也不是那么喜欢（那个女朋友）。"在父母的安排下，他和老婆见了两面就定了亲，几个月后就结婚了。

在小徐眼里，老婆"头脑比较简单"，两人"沟通不来"。最让他耿耿于怀的是老婆不"管"自己，不闻不问，"我老婆我也不知道她是怎么样想。出来外面，你爱干什么就干什么，她也不会说什么，从来没有说要我回去啊"。一次在老家他和朋友通宵打麻将，"四个人三个老婆都来找了，就我老婆没找，"他愤愤地说，"气死我了，就像我没老婆一样。"

婚后那几年小徐在老家做假烟生意，家里雇了 60 个工人，每个月能赚好几万元，最好的时候甚至有几十万元。钱赚得快，花得也快。小徐出手阔绰，吃饭、泡吧、唱歌、打麻将，一个晚上几千块也是常有的事儿。他在足浴店认识了一个年轻漂亮的湖南姑娘，开始疯狂地追求她，每天带着朋友去她工作的足浴店消费，晚上带着她去卡拉 OK 厅，吃消夜，日复一日。"我什么东西都给她，什么戒指、call 机，我都买给她，她要出去给她买机票，那时候还没敲上（确定关系），"小徐感慨道，"那个时候我真的是喜欢一个人，我什么都愿意付出。"

两人在一起一年多，小徐一直很舍得花钱，日常开销都包了，她想买什么做什么也都痛快答应。小徐说："怎么都开心了。反正这个钱了，都是身外之物，花了又赚回来了。"也正是那个时候，六合彩在当地流行起来。小徐一下子玩上了瘾，三个月输掉了几十万元，变卖了家里的车和值钱的东西，还欠了十几万元的债。姑娘这个时候跟小徐提出了分手。"我刚六合彩一输，她就说分手，"小徐略带伤感地说，"我给钱她花啊，吃啊玩啊，她都听我的，到了没了，她说要分手，你说人就是这么现实。"

这次变故让小徐尝到了人情世故，不仅心爱的姑娘提分手，不少之前热络的朋友们也都消失了。"以前还没出门，人家小车在门口等你了，现在人家打个电话问候一声都没有。真的，人就是这么现实。你有钱人家就有酒肉，你没钱的时候连走路都不打一声招呼，"他总结道，"人呢，你没钱的时候人家对你好是真的对你好，你有钱的时候对你好是看你的钱。"

在老家待不下去了，1999 年，小徐来到了广州，靠着在广州做生意的弟弟接济继续"玩"。小徐不愿意打工，他自嘲"我一没技术，二没文化，打什么工呢"，"一个月 1000、2000块"，挣不到钱，"没什么意思"，也多少有点"没面子"。他想做生意，一来没本钱，二来也找不到好的门路，就这么混了好几年，没钱了给弟弟打个电话，弟弟派人送点钱过来。前年老乡给他介绍了看工地的活儿，不用出苦力，清闲也体面，一个月 2000 多块，小徐干了一年多，工程结束了，他也没再找新活儿。我问他弟弟生意做得红火，为何不和弟弟一起干？小徐笑了笑，说道：

> 现在不比以前，自己没钱做什么？要是给他做呢，他要拿多给你又划不来，不如去雇别人，他要给少，又不好意思，是不是？去雇个外人，外省人，花不了多少钱。我给你点钱还卖个人情。你要说人家做生意给你一点股份，不可能的。别人都说，你弟做这么大，你怎么不去帮忙呢？我说兄

弟是兄弟，各人有各人的门路。

虽然没什么钱，却碰上了几个死心塌地想跟他好的姑娘。小徐笑笑说："怪，我也是觉得怪。老是觉得我出来以后什么都没有，一般你跟人家交往，你要知道人家图你什么，我什么都没有，也许人家就是图一个开心。（你跟那些女孩子在一起都很开心吗？）反正我跟那些女孩子，都没有吵过架。"

最让小徐过意不去的是一个开便利店的湖南姑娘，小徐常去她的店里，一来二去好上了。小徐一开始瞒着对方说没结婚，"我那个时候也没想什么，毕竟一个男人在外面找个女人是正常的嘛，是不是？我就想找个女人。我跟她住在一起两年多。她一直觉得我是会跟她结婚的。"得知他已经结婚后，对方很生气，但还指望他离婚。小徐回忆道："她说，我跟你去你家里，跟你老婆谈判好不好？只要你老婆同意，多少钱我都愿意给。我都不知道她心里怎么想的。"

"长那么大，我就骗过这么一个女人，"小徐有点不好意思，"她也感觉不出来，如果有老婆的，怎么会没有老婆打电话过来？除非有事情，不然她（老婆）不会打电话给我，一年不会超过三次的。像去年，没打过一次电话。"说到这里，小徐又一次感慨自己婚姻不幸："真的，我都哭过好几次，我想不到我娶了这样的老婆啊。要是老婆对我好，我也不会在外面找。"

小徐的家乡潮汕地区，通常被认为在家庭关系上有着强烈的"传统"色彩：重视子嗣，多子多福，重男轻女；强调性别分工，丈夫养家，妻子顾家；家族联系紧密，宗族势力强大；强调父母之命、媒妁之言的婚姻缔结方式在一定程度上依旧流行（陈汉初，2004；黄少宽、黄晔，2007；刘文菊、林秀玲，2014；周大鸣，2006）。① 然而，与传统包办婚姻里对妻子并无太多情感要求不同，小徐对自己的婚姻有着明确的情感期待：他希望与妻子能"沟通"，也希望妻子来"管"自己。"管"以"夫妻一体"为前提，一方面意味着（按照性别分工）承担起照顾对方生活的责任；另一方面也意味着约束对方的不良行为（或损害家庭利益和情感的行为），以此传递亲近与关心。小徐将婚姻难以满足自己的情感期待，视为一种"不幸"和"委屈"，这转而成为他"在外面找"的"可以言说"、"可被理解"的正当理由。

老王："不喜欢过原来那种窝囊的日子。"

50 岁的宁波男人老王也感叹婚姻不幸，用他的话说"结婚廿多年，吵了十多年"。如果说小徐的不幸是"老婆不管"，老王的痛苦则是"老婆管太多"。

老王和妻子在 1980 年代初结婚。妻子方荔比他小两岁，也是宁波本地人。婚姻最初几年两人都在工厂上班，挣得不多，但日子过得还不错。1990 年代初两人工作的厂子的效益越来越差，方荔经过熟人介绍换到一家事业单位当会计，工作稳定但收入有限。她希望自己"主内"，管好家里和孩子，而老王能够"主外"，多赚钱，改善家庭经济条件。

在方荔眼中，老王惰性很大，不管不行。在她的督促下，老

---

① 需要注意的是，一些家庭"传统"在市场改革后得到"复兴"和强化，比如，根据吴重庆对风俗上跟潮汕地区相似的福建莆田地区的调查，通婚圈比改革前和新中国成立前都缩小了，同村结婚的比例提升得很快，从 10% 左右提升到 30% 左右，而外镇的通婚比例则从 80% 左右下降到 60%；通婚距离从新中国成立前的 6.2 公里和市场改革前的 4.2 公里，下降到 2.5 公里（吴重庆，2014）。

王考了驾照，开起了出租车。几年后，在方荔亲戚的帮助下，老王调到一个国营单位给领导开车。家里经济条件好了一些，但与方荔姐妹家的差距越来越大——姐夫妹夫前几年分别下海，生意越做越好。方荔希望老王多跟他们学习，但老王却不爱去她娘家，"每次去总感觉低人一头"，经常去了也一言不发，而方荔则觉得老王"不上进"、"不学好"，免不了争吵。

在方荔的敦促下，老王硬着头皮和妻子一起开始读函授大专，中间好几次想放弃，方荔软硬兼施，劝说、鼓励、批评、责备轮番上阵，还帮他完成作业，老王好不容易拿到了学位。有了大专文凭，老王从给领导开车换到了办公室做行政工作，事业编制，收入比之前增加不少。回想这段往事，老王表示"这事（文凭）还真多亏了方荔"。

两人最大的矛盾在老王的"爱好"上。老王三十多岁时迷上打麻将，经常打得三更半夜才回家。老王觉得这是自己"唯一的爱好"，"放松放松，跟朋友聚聚"。方荔则觉得打麻将毁了老王——"工作没心思"、"儿子也不管"；她对此深恶痛绝，希望老王戒掉恶习。一开始，她苦口婆心劝说，收效甚微，之后又采取了反锁房门不让老王进、到打牌的地方去"抓人"等激烈的方式。方荔认为，"因为他是我老公，我才去说他管他。眼看他染上坏习惯，随他去，那就不是自己家里人了"。但老王并不领情，两人争吵不断，越吵越凶。

在方荔看来，和老王的婚姻虽不完美，但还是"好"的。夫妻之间有深厚的感情。"以前我们俩每天晚上聊天聊到两三点钟，"她说，"我们也吵架，夫妻吵架很正常。我们没有本质性的问题，吵架无非是两件事：他打麻将、儿子的教育。他把时间都浪费在麻将牌上，我希望他多和儿子处处。我这么做都是为了这个家。"

老王则认为这种家庭生活状态已经让他非常不满。他觉得妻子烦、唠叨、脾气差，成天拿他跟连襟比，不给他面子，搞得家里气氛很压抑，让他根本不想待。跟比他小二十岁的小梅在一起后，老王觉得找到了一些家的温馨和愉悦，因为小梅觉得他是个"很好的男人"，从不要求他做什么。老王带着过来人的口气对我说："我跟你说，实际上这个社会真的在进步，因为人总想往好的过，对吧？就不喜欢过原来那种窝囊的日子。"我问他窝囊指什么，老王说：

> 窝囊是指家庭问题，两夫妻总是互相生气。因为像我的父辈，就没有这种观念，像我老爸和我老妈，关系很紧张，到最终，当然我们做子女的说不出这个口，你们离婚吧。但实际上他们是该离婚，就是说他们虽然没离婚，但实际上跟离婚差不多，就是表面上是夫妻，实际上你看到我、我看到你都很讨厌了。但是他们没这个概念，所以他们就凑合着过，不是饥寒交迫，不是物质生活的不幸，是感情生活上。

如何应对市场改革带来的经济机遇与竞争风险并存以及社会保障不足的状况，是摆在转型社会所有家庭面前的问题。作为工厂职工，老王一家面临着巨大的转型压力，而这个压力因妻子娘家姐妹的"先富起来"变得真切。如何适应新的市场经济，如何应对被姐妹们甩下的"相对剥夺"？这是老王家的难题，也是夫妻俩冲突的焦点。

在对 1990 年代大连家庭的研究中，人类学家 Lisa Hoffman 发现很多工薪家庭在面临市场压力时，采取被她称为"一家两制"的家庭策略，兼顾"稳定与发展"：丈夫"下海"，在充满风险的市场中追求高收入和更好的职业发展机会，而妻子则在安全、稳定和体面的公职岗位上班——这些工作工资低但强度小、不用出差，能兼顾料理家事、照顾家中老小（Hoffman，2000）。老王家与此无异，以家庭为单位，老王去市场挣钱，方荔工作稳定以家庭为重心。这样的性别分工将家庭经济社会地位的提升主要寄托在老王身上。

方荔"管"老王，正是把家庭视作一个整体。这里既有之前提到的"夫妻一体"的文化预设，"管"意味着把对方当作"自己家里人"，是一种关切和在意，也是一个好妻子的责任。她希望丈夫"上进"，不满足现状，积极进取。这既符合社会对优秀男性的评价，又保持着家庭提升的希望。因此，"管"是作为妻子的方荔提升家庭社会经济地位、成为改革的受益者而非淘汰者、摆脱"相对剥夺"感的手段。方荔的"管"也起到了实际成效，比如敦促丈夫考驾照、拿文凭，帮助丈夫找到了更好的工作，改善了家庭的经济条件。老王是其中最大的受益者，他对此也了然于心。

然而，这个过程也加剧了家庭整体利益与丈夫个体诉求之间的冲突，往往会以"夫妻争吵"的方式显露出来。在方荔看来，家是"同甘共苦"的共同体，争吵在"夫妻一体"的前提下并不影响夫妻关系，甚至是她敦促丈夫的努力，是为了实现更重要的目标而经受的阶段性磨难而已。而老王则强调自己作为个体的权利：他有权有自己的爱好，有权休闲，妻子不应该"管"。与妻子相比，老王更强调家庭生活的状态，期望获得情感愉悦与满足。作为工薪阶层，他努力挣钱改善了家庭经济条件，但无望追上亲戚们"先富"的脚步。他希望满足现状，得到妻子的认可、肯定和嘘寒问暖。持续不断的争吵让他感受不到"家的温馨"，反而非常压抑。他所强调的家庭的情感意义，不仅是"同甘共苦"的共同体模式，而且包含了强调个体边界和过程体验的"相处愉快"模式。婚姻中，如果没有后者，则被他视为"窝囊"的、凑合过日子的生活，是"进步了的社会"需要摆脱的婚姻状态。

严龙："别的没有，我就是想有个人来理解我。"

戴着黑框眼镜、黑黑壮壮的严龙40岁不到，大学毕业后，他先是在一个国有单位工作。干了几年，严龙觉得每天"看看报纸、喝喝茶"的日子太无聊，就辞职到了一家小型私企做高管，每天工作十四五个小时。他自嘲说，公司里的人都以为他是"小老板"，"没有打工的这么干的"。每天晚上九十点回家，做饭吃饭，十一点看半个钟头电视，再看会儿书，大概一两点钟睡觉，早上八点钟起来，日复一日。

严龙的妻子是他原来单位的同事，虽然离他心目中的"女神"有点差距，但也是他欣赏的女强人类型。当年严龙也是花了心思感动了她，想着"好好过一辈子"。可是结婚以后，两人面对面的时间都不多，在家也很闷，没有话说。

妻子抱怨他太忙，希望严龙辞职回原单位。严龙拒绝了，一个重要的原因是"自尊心"。妻子工作出色，已经升职到单位高层，严龙说："我这么傲，肯定不会回去的。回单位就是她管我了。"

严龙认为自己对妻子"很不错"了，"我从来打都没有打过她，骂也没有骂过。好多男的都打女的"。婚后岳父母来同住了五年，妻子有时抱怨他对老人不够好，他觉得他能忍下来已经不错了，"有哪个男人愿意跟长辈一起住？"严龙质问道。夫妻俩意见有分歧，他也"都不计较"，不和妻子争吵，自己干自己的，或者为了避免争吵就干脆瞒着妻子。在他看来，"吵架就要伤害对方，所以还是不要说的好"。

而家，对他而言并不是一个温暖的港湾。他说："做我们这行竞争压力又大，企业的氛围又不好，这五六年我处在精神非常忧郁的状态。每天都在想，回到家也在想，在车上也在想，在公司也在想。回到家又乱七八糟，家里面也没有好吃的，没有宣泄的地方。"跟朋友一比，他的心理落差更大：

> 我最烦恼的时候，非常羡慕人家夫人什么的，根本没什么工作，把家里收拾得很干净，觉得很舒服。觉得自己的环境跟那个差得太远了。还有这种女强人，她自己也很累，她根本就不懂得怎么去安慰人家。那个时候我们去别人家，他那个太太就能跟他讲一些关心体贴的话，觉得很感动。

在公司干了五六年后，严龙突然想通了，不想这么拼命了，"我至少帮他（老板）赚了五六百万元，分到我手上也就是那么一万多美金"。半年之后，严龙跟一个小他十几岁的女孩好上了，他解释道："我别的没有，我就是想有个人来理解我。"

> 到了 2004 年以后，我对我那个公司也慢慢不怎么管了，虽然说我不管了，我每天还是这样奔波、跑，我就更从感情方面去要求了，原来是工作压的。从 2004 年下半年开始，我对工作就没那么积极，有点怠工那样子。就是当一个标准的打工仔，不再把工作当作自己的。这半年轻松了以后，这精神也空了嘛，就更加想从家庭里得到什么东西……刚好也

闹出一件什么事情来，更郁闷。就想找人谈，结果谈谈谈谈，就谈出事情来了。

那件让严龙"更郁闷"的事儿，是关于妻子的绯闻。妻子晚上总和别人短信聊天，一聊一个多小时，他听到原单位的人说妻子跟一个工地上的男人关系不错。严龙没有正面问过妻子，"这种事情怎么沟通？"他表现得无所谓，"我当时一点都不怀疑，我还有点大度。也不是大度，我心里有点纳闷，但是表面上我都没有表现出来"。但他心里却希望妻子有所改变，"风已经吹起来了。任何一个男的碰到这种情况都不会觉得舒服，他总觉得……不管是真是假，你总应该对我好一点"。

尽管没有确凿的证据，严龙已然认为自己"被戴了绿帽子"，是"男人都不能接受的事情"。[1] 最让他想不通的是，跟妻子短信聊天的居然是一个"工人"。他愤愤地说：

> 我们知识分子啊，怎么能一天到晚跟那些工人嘻嘻哈哈，你有没有搞错？我当时心里非常自信，你说我们知识分子跟那些工人有什么共同语言，那些工人就是天天打麻将，天天不学习的人。我想你跟那种工人有什么好谈的呢，一谈半个钟头一个钟头，而且短信飞来飞去啊。我就是很想不通啊，你成天不跟我说话，你还跟这种人说话，我觉得很奇怪，我讲一些话你都不帮我，不附和我一下，不管我是对还是错。

---

[1] 在访谈中，我了解到严龙只听到妻子绯闻的一些传言，而没有实际的证据，但他在讲述时，则使用了"被戴了绿帽子"、"男人都不能接受的事情"这样的说法。

严龙和妻子都上过大学，在市场大潮中抓住了机遇，成为新兴的中产阶层的一分子。夫妻双方都有很强的上进心和事业心，自愿自觉地进入加班大军中。家对他们而言是获取情感慰藉、关心和温暖的地方，他们渴望得到照顾，听到关心体贴的话，而他们都没有精力和时间去给予对方关照、说出关心体贴的话，把家打造成"有爱"的地方。他们都开始向外寻求情感慰藉，满足精神需求，最终演变成一场家庭危机。

社会学家 Arlie Hochschild 对美国双职工家庭的经典研究发现，夫妻对于婚姻角色存在三种不同的性别观念：传统型、平等型和过渡型。传统型认同丈夫作为一家之主、挣钱养家，而妻子的身份则围绕她在家庭中的角色（即便她事实上外出工作）；平等型主张夫妻双方齐头并进、权力均分；过渡型则是指处于传统型和平等型中间的状态，比如一个过渡型的丈夫会完全支持妻子在外工作，但同时期待她在家务事上也能挑起大梁（Hochschild，1989）。

严龙是一位典型的过渡型的丈夫。他支持妻子的事业，妻子的事业心和工作能力甚至成为吸引他的重要方面，但是他认为照顾家庭是妻子的责任。严龙有时在家里也做饭，但他觉得这是妻子欠他的，"毕竟我们这个年代，事业心都很强，一般都不肯为一个女的做家务"。而他可以顺理成章地指责妻子回家"家里也不管"、"小孩也不管"，并为此感到失落和不满。家庭照料不仅是料理家务，还包括照顾家人情绪、满足情感和精神需求。严龙的情感处理方式是忍耐负面情绪，避免伤害，并将此作为对妻子的"善待"，而期待妻子说体贴的话，安慰和理解自己。换言之，丈夫参与共建一个"安全"的家，而营造一个"温暖"的家的主力则是妻子。严龙的参照对象是遵循传统性别分工的家庭，那些顾家的妻子对养家的丈夫体贴入微，由此，他的失落和不满也显得合情合理。

事实上，当妻子表现出她的情感需求，并被怀疑在家庭之外寻求满足时，严龙感受到男人自尊心的打击。打击是双重的，一重是性别意义上的，妻子居然从别的男人那里寻求情感满足，这是作为丈夫的挫败感；另一重是阶层意义上的，自己居然不如一个"工人"，这是作为"知识分子"的羞辱感。在失落、不满、挫败和羞辱感的交织中，他觉得妻子应该补偿自己，"对自己更好一些"，越发觉得妻子亏欠自己，越发需要情感慰藉，"自然而然"地出轨了，寻求其他女人的抚慰、理解和关心。

阿毛："毕竟男人嘛，关键是做事，这种事情现在也挺多的。"

不是所有的男性受访者都认为婚姻不幸福，一些人表示对婚姻满意，夫妻感情尚好，他们对于婚外关系的解释则主要围绕"男人本性"的叙述展开。

阿毛是小徐的老乡，半个月前和女朋友小莉搬到小徐住处附近的一间一居室。客厅里横七竖八地放着一个矮柜、一张桌子和一条长凳，床垫直接放在房子卧室的地上。阿毛招呼我坐在长凳上，自己拉了把塑料凳子，坐下聊起来。

阿毛比小徐小两岁，29岁，初中毕业，皮肤黝黑，身材敦实，说起话来条理清楚，眼睛里透着一股子机灵劲儿。在阿毛看来，小徐在潮汕男人里属于比较特殊的，很会做家务事，而自己则是比较典型的潮汕男人，"主外、做生意、赚钱"，不会做家务事，在老家都是老婆做，在广州就是女朋友小莉全包了。[①]

跟小徐一样，阿毛最早也是生产假烟的，赚了不少钱。后来行情不行，阿毛就关了烟厂，2003 年开起了网吧。网吧经营了两年，因为竞争太激烈，难以维系，他又开始寻找其他的赚钱门路。当地盛行玩六合彩，阿毛就帮人写单，自己也下注玩。一开始能小赢一点，下注越来越大，赔了好几把，输了十多万元，把做生意的本金都输光了，阿毛不得不离开老家外出谋生，经老乡介绍到广州的工地当仓管（管理工具），一个月 1500 元。阿毛表示，在广州打工比在老家能多挣点，而且，他也坦率地承认"在家打工，感觉面子上也放不下"，"在外面做什么别人都不知道"。

小莉是个大眼睛的重庆妹子，23 岁。两人在一起两年多了。小莉在汕头的网吧当服务员，在网上认识了当时开网吧的阿毛。两人"聊着聊着就聊出了感觉"，见面不久就在一起了。对这段恋情，阿毛和小莉都表示跟着感觉走，"没想那么多"，用阿毛的话说，"就是想在一起就在一起。她也没想到要跟我，我也没想到要跟她，顺其自然在一起"。

在老家时，两人只能隔段时间偷偷见一面。有时候晚上不回家，老婆问起来，阿毛还得找朋友帮他圆谎。来了广州，阿毛先安顿好后把小莉接了过来，两人开始正式同居。虽然收入有限，阿毛还是负担起两人的日常开销，平时就花打工挣的钱。阿毛也继续给人买六合彩写单，抽水挣点钱，有时候忍不住还会下一两注，不过不比以前，都下的很小。没钱了他会想办法，找人借点，等发工资了再还上，实在不行就跟家里要点。

---

① 对潮汕婚姻家庭的研究也发现，潮汕地区高度奉行"男主外、女主内"的家庭分工，潮汕男人基本不参与家务劳动（刘文菊、林秀玲，2014；周大鸣，2006）

和小徐不同，阿毛对自己的婚姻比较满意。老婆是他自己选的，一个能干而有主见的本地姑娘。两人恋爱一年多结婚，生了两个儿子，大的三岁，小的一岁多。结婚五年，两人感情一直不错。他挣钱养家，老婆打理家事，把家里的老人小孩照顾得很好。两人脾气也相投，说得上话。阿毛以前爱去各种娱乐场所喝酒泡妞，婚后也收敛了很多，用他的话说，"结婚了肯定要回家了"。一年前阿毛到广州打工，两人还都挺舍不得的，来了广州以后阿毛也不时给家里打打电话，问问情况。

对于目前的状况，阿毛感到有点愧疚："有时候想起来，挺对不起老婆的，对不起那两个孩子。现在就想多赚点钱了，寄回家去。"跟阿莉在一起，在他看来，虽然"不太好"，但也"挺正常"的。"毕竟男人嘛，关键是做事，这种事情现在也挺多的，"阿毛说，"我们那里娶两个老婆也有。有的住在一栋楼，有的分开各住一栋楼，都生孩子。（娶两个老婆的多吗？）明娶的肯定不多，暗娶的就很多。"阿毛嘿嘿一笑，解释道："暗娶就是老婆不知道了，外面养一个。"他的很多朋友也都知道他和小莉的事情，但他倒不担心，"大家臭味相投，一般都不会说嘛"。

阿毛坦言跟小莉在一起比在家放松，"在家里还是感觉到一种压力，跟她（小莉）在一起，头脑一片空白，不会想太多，天南地北，随便聊"。最近工地的活干完了，阿毛一时半会还没找到新工作，他就好一阵没跟家里打电话了，嫌老婆唠唠叨叨得烦，"唠叨这边怎么样，我在这边怎么样，不要乱花钱，有钱要存起来啊……这些都不用你说了，"阿毛叹了口气，"心里的压力啊，想着应该去赚钱啊，在这里有时候静下来就会想应该多赚点钱寄回家。"

阿毛和小徐的家乡潮汕地区有着浓厚的商业文化和悠久的移

民历史。市场改革后，潮汕商人活跃在全国各地。在潮汕，夫妻两地分居，丈夫离开家乡挣钱，妻子在家照顾孩子，侍奉公婆，是一种常见模式（周大鸣，2006）。在这样的婚姻关系里，要求妻子恪守妇道，加以诸多管束，而男性的婚外性关系则往往被高度包容。作为著名的侨乡，当地流传着很多侨居海外的成功的潮汕商人的故事，激励年轻人干出一番事业。交织在这些侨商的生意经里流传的是他们的家庭生活，娶了几房太太，生了几个孩子，仿佛是一种成功商人的配置。在访谈中，小徐和阿毛都跟我自豪地说起"亚洲首富是我们那儿人"，跟着一句"他有四个老婆"。远有亚洲首富四房太太的传闻，近有邻居"明娶"两个老婆的示例，男人的婚外性关系被"自然化"和"正常化"，不构成对一个男性婚姻责任的拷问。

构成对男性婚姻责任拷问的，是他养家的能力，赚钱的能力。阿毛感到"对不起老婆"、"对不起孩子"，但最让他感觉愧疚的并非婚外情，而是自己赚不到钱不能承担起养家的责任。而这份有点沉重的养家责任也成为阿毛面对妻子感到压力，甚至想逃避的一个理由。他无法完成一个丈夫的责任，给家庭提供稳定富足的经济来源和一个有盼头的未来。相反，在与小莉不期许未来、"过一天算一天"的日子里，在那些"头脑空白"、天南地北的闲扯中，他的压力获得暂时的转移、释放和缓解。

潮汕文化或许将男性事业成功、经济供给定义为男人家庭责任的核心并推向极致，对男性的婚外关系高度包容。在我调研的广州和宁波的商人圈子里，"好色"、"花心"通常被默认为男人的天性，而能不能色、敢不敢花则显示个人的本事。"养个小的"被当作有钱、有地位的男人的圈内游戏，在原配妻子面前尚需表演一些"忠诚"的戏码。

　　从事外贸生意的小孙受过高等教育、谈吐不凡，很有"女人缘"。他婚后有过几个女朋友，在他看来"男人嘛，都这样"！他解释说："我不是喜欢那么多女人，而是喜欢恋爱的感觉"，"那种肾上腺素加速的感觉"。我问他怎么跟妻子交代，他说："老婆嘛，终归要七骗八拐哄一下。"停顿片刻后，他接着说："聪明的老婆就是睁一只眼闭一只眼。因为你管也管不好的，如果你烦，他要不就是骗你，要不就是反白了，我就是这样了，你把我怎么样？如果你对他宽松点，他还会想着对不起老婆，对家里好点。"

　　在小孙的叙述中，恋爱的感觉是一种欲望，在心底蠢蠢欲动，周而复始。正统的婚姻道德要求男性的性与情感的专一与蠢蠢欲动的男性欲望之间构成了明显的张力，调节这种张力的，是识趣的妻子一起配合的表演，扯上一层婚姻忠诚的面纱，但忠诚本身并不构成男人在婚姻中的实质性责任。

不离婚：责任、利益与"面子"

　　小徐几年前跟妻子提过离婚。"我说趁你我现在都年轻，要另外找也容易，过几年30多了，那时候也不好找了，"小徐说，"我当着我老爸老妈的面，我也跟她（老婆）说，我们离婚吧，我也不知道她怎么想的，她就是不肯。"在小徐看来，妻子似乎对他外面有女人也无动于衷，"有时候我回家，女朋友也会打电话过去我家，一个晚上好几个，我老婆说你们两个都分不开了"。妻子还曾找他看女朋友的照片，看完笑笑什么也没说。"真的，我不知道她在想什么，"小徐说，"反正她管也管不着，拿我没办法。"和儿媳一起生活的父母则会劝儿子收心："孩子都这么大了，你也知道她是这样的人，不要去外面乱搞了，让她不开心。"

阿毛则很清楚离婚在当地根本行不通。"离婚在我们那里影响很不好，而且离婚对孩子心灵有创伤。我们那边很少离婚，顾全家庭，一般都不离。除非女方红杏出墙，丈夫要离婚，走在路上面子挂不住。这样（的情况）我们那里很少的，"阿毛接着说，"男的在外面有几个女的不会有任何问题，女的就不能接受。身为男的，感觉就是忍受不了这个事情。"

"不离婚"是潮汕人婚姻的一大特色。市场改革以来，离婚率在全国各地快速攀升，而潮汕地区的离婚率在全国一直位列倒数。在我调研的 2006 年，小徐和阿毛的家乡汕头的户籍人口将近 500 万，当年结婚的有 41731 对，而协议离婚的仅有 922 对，即 1 万个汕头人中离婚的夫妻不到 2 对，不及当年全国协议离婚率的五分之一。在诉讼离婚方面，汕头也远低于全国平均水平。根据学者统计，1985～2003 年，汕头市的离婚诉讼率为平均每 1 万人 2.21 件，不及同时期全国离婚诉讼率的三分之一。[①]

高度稳定的婚姻是潮汕地区强大的家族文化的一种体现，也与当地经济发展形态密切相关。潮汕的经济以小家族企业为主，高度依托家庭分工、家族合作和宗族网络进行生产组织和市场拓

---

① 潮汕地区的低离婚率与女性对丈夫的婚外恋的"容忍"有很大关系。一项对潮汕地区 460 位妇女的调查显示，当被问及"若知道丈夫出现第三者时，你会怎么办"时，三分之二的受访女性选择"和丈夫沟通，挽回婚姻"，有13.39% 选择"忍气吞声凑合过"，是选择"离婚"人数（6.3%）的两倍多（刘文菊、林秀玲，2014）。

展（何东霞等，2014；黄挺，2008；王文科，2007）①。如果说潮汕男人开始希望在婚姻中寻求情感满足，那么，婚姻的"定海神针"仍是基于性别分工的各司其职。对阿毛而言，老婆是称职的"主妇"，夫妻之间也还有感情，自然没有离婚的理由。小徐夫妻之间感情不佳，但老婆没有什么过错，一直尽着自己的本分，生了儿子，孝敬公婆，而且容忍他在外面的风流韵事，小徐也只能作罢。

"责任导向"的婚姻原则并非潮汕独有。刘雅格和孙中兴于1995～2002年对69位涉入婚外恋的受访者进行了深度访谈。他们指出，尽管在世纪之交的中国会更加强调夫妻间的浪漫感觉和性爱亲密，但在婚姻中仍然以"责任"为基础，尤其强调父母－孩子的关系。他们写道：

> 在当今的中国城市中，通常在结婚前都会有浪漫的追求过程，但大多数对于婚姻关系的描述仍然强调责任而非感情。受访者们一般都将结婚描述为"建立家庭"。对于家庭的"责任"，而不是夫妻间的"交流"是用来描述维持婚姻关系的努力的主要语言。而且，这些责任所指的对象不是配偶个人，而是家庭，尤其是孩子。责任意味着可以维护家庭成员间利益的各种实际的互助（包括照顾配偶的性需求）（Farrer & Sun，2003：19）。

学者指出，市场转型以来，随着社会主义单位体制的解体和

---

① 一些学者指出，潮汕地区在市场改革后宗族势力兴起，商人是很重要的推动力量。1980年代以后，商人成为宗族重建和联宗活动的主体，利用一切可动员的资源，提高商品竞争力。联宗组织为商人们的相互交流提供了一个场所，从而方便他们之间的商业合作（黄挺，2015）。

改革，原来由单位提供的福利、保障和社会服务被大量缩减，社会生产和再生产出现结构性分离，社会再生产被高度"私人责任化"和"市场化"。面对市场风险和社会保障严重不足，个体（不得不）回到家庭寻求庇护和支持，家庭的抚育和安抚功能被强化，家庭成员间的相互依赖和分工合作的必要性也进一步增强。而这些家庭责任无疑是高度性别化的，在家庭作为基本经济单位的前提下，将市场机会与父权制的家庭性别分工结合起来（宋少鹏，2011；吴小英，2012；左际平、蒋永萍，2009）。

在我的研究中，很多男性受访者都认为，他们的婚外情与履行家庭责任并不矛盾，有二奶、女朋友或情人并不影响他们履行基本的家庭责任。他们的主要职责是"养家"，以及承担一部分"男人该干"的活儿，比如送家人去医院、陪家人过节等；婚外情不过是他们打发自己的时间而已。开汽车4S店的郑猛，跟婚外情人在一起三年，给对方买了车和房子。郑猛通常一周在情人住处待三个晚上，但到了周末和节假日，他都会回家——他上寄宿学校的儿子从学校回来，他要陪儿子玩，做个好父亲。一些男人甚至表示，他们是为了妻子着想，才不离婚的。比如，郑猛的朋友陈宇，一直外遇不断。一次被妻子抓奸在床后，妻子愤怒地提出离婚，陈宇却劝她三思。他跟我解释说："离不离我不在乎的。我劝她是从她的角度考虑。我老公和爸爸当得还可以的，家里的钱我挣，儿子送到私立学校，节日都回家，可以了。她这个年纪，再找一个像我这样的也不容易。"

在年轻貌美被视为女性在婚恋关系中最重要的议价资本、养家被认为是男性最重要的家庭责任、离婚对女性造成更大污名的情况下，这样的说辞并非仅仅是自我开脱。在我访谈的男性中存在某种共识：婚外情无须太多愧疚，但与尽心照顾家里的妻子离婚是不负责任的。换言之，婚外情不是婚姻问责的原因，而不（与尽职的妻子）离婚则构成了男人在婚姻中的"道德底线"。①

　　当然，很多男人没有说出口的是，离婚本身也被视为作为男人的一种失败。在商人圈子里，"搞不定老婆"常被视为是在家里缺乏掌控权、不够男人的一种表现，容易被人看不起。而且，离婚带来的财产纠葛也是生意人极为忌讳的，尤其是在原配妻子与丈夫一起打拼事业的情况下。在我访谈的男性受访者中，有四位妻子以不同的方式参与了丈夫的生意。比如，在上一章中提到的李雅的男人老虞，明确告诉过李雅不会离婚。李雅跟我解释，离婚在老虞的圈子里很少见，"一个男人如果结了婚又离婚的话是很失败的"，非常没面子。离婚也会让他的生意受到影响，不仅涉及财产分割，而且妻子在他厂里管财务，"很多事情都在她手上"。

　　中国社会流行过一则调侃男人的说法："家里红旗不倒，外面彩旗飘飘。"小孙对此很认同，他补充道，男人最理想的状态应该是"有一个贤惠的高素质的老婆，再有一个很有气质同样拿得出手的情人"。妻子和情人都要拿得出手，但需要的"素质"却不同。小孙明媒正娶的太太是家庭良好、知书达理的大学毕业生；他很喜欢的一个女朋友则是身材性感、性格活泼的夜场红人。

————————

①　责任导向的婚姻原则很大程度上也可以从人们的婚外性行为和对婚外性的态度上初见端倪。根据中国人民大学性社会学研究所的三次全国随机调查，在2000～2010年的十年间，婚外性呈增加的趋势，已婚男女的婚外性都翻了一倍，而在这十年间离婚率并没有翻倍。已婚男性的婚外性稳定在已婚女性的3倍左右。在我调查的2006年，有婚外性的女性比例为6.7%，而男性比例则高达18.5%，有3%左右的夫妻，明确知道对方有婚外性而没有离婚，还有16%左右的夫妻怀疑对方有婚外性，也没有离婚（潘绥铭、黄盈盈，2013）。

对工薪阶层的男性来说，"家中红旗不倒，外面彩旗飘飘"的理想离现实有点遥远，但他们也会同样顾及对家庭的"道德责任"，不愿背负"抛妻弃子"的恶名。比如，老王坦言，如果妻子没有发现他的婚外情，他不会主动提离婚。他说："我和小梅之间的事情，哪一天方荔发现了，哪一天就是我们离婚的开始。如果说她发现不了，我们永远也不会离婚，小梅我也不会跟她过。"

老王的做法是"守株待兔"，等待妻子行动。老王说：

> 我跟小梅之间的关系，弄得什么偷偷摸摸也没有。十分偷偷摸摸的她（方荔）也发现不了。我也希望她去发现，希望她理智地处理这个事情。你发现了，我有人了，为什么有人你自己去想，既然有人了，你就考虑离开好了，对吧？如果你再不考虑离婚的话，你就自己不理智了。如果她发现了，有改变，那也许还可以继续。如果还是不改变的话，我还真是想离婚。

老王说这段话时神情自若、理直气壮。我一开始十分不解，似乎"外面有人"还成了与妻子叫板的一个筹码，细细琢磨才似乎体会到，在这"清奇思路"的背后，是老王在亲密关系中情感与理智、欲望与责任的相互拉扯。老王虽然对情感不睦的婚姻状态高度不满，但对自己的家庭责任仍有强烈认知。他解释道："离婚总归对孩子不好，对方荔（前妻）也有影响。方荔人也不坏，人很善良，也很热心，对家庭和小孩付出也很多。我们两个就是不合适，性格不合。要是不离婚的话，我还是会承担我的责任的。"

老王也面临着与商人们不同的经济现实。一方面，他与小梅的关系时间越长，感情越好，他钱给得也越多、越频繁，从一开始偶然的"救急"不知不觉地到给小梅添置电器、衣物等。养两个"家"对他而言多少有点吃力。另一方面，如果离婚，他经济压力也会倍增，方荔的收入虽然不高，但是好歹稳定，多年来两人一起攒钱买房买车。如果离婚，一切都要从头开始，小梅没有稳定的工作，经济的重担都将压在自己身上。在经济现实、道德压力和情感诉求纠缠的困境中，老王以退为进，期待状况"被改变"。

小　结

"婚姻不幸"和"男人本性"构成男性解释自己婚外亲密关系的主要说法。"婚姻不幸"的叙述主要围绕"情感无法得到满足"展开：和妻子无法沟通、妻子不"关心体贴"自己、体会不到家的温暖和乐趣等。因为婚姻无法满足情感需求，甚至成为痛苦的来源，因此在外面找情人是正常的，是一个男人的"正常需要"。这是在承认婚姻忠诚的原则下，将情感满足视为忠诚的前提，进而以婚姻现实未能满足个体基本情感诉求为由为自己的婚外亲密关系辩护。需要注意的是，婚姻里被强调的情感已经超越了"夫妻一体"、家庭作为整体、结果指向的"使命感"，而注重过程愉悦、个体感受和相互契合的"体验式"。

"男人本性"的叙述则否定了婚姻忠诚原则的现实可行性，强调男性欲望和情感的流动性和易逝性。婚外亲密关系被表述为一种婚姻无法满足的，个体"自然"、"正常"的欲望和情感的向外"转移"。这些高度性别化的欲望和情感，一方面被视为男性的"自然特质"；另一方面又依托男性的家庭责任——"挣钱养家"，获得了某种道德"豁免"。

我认识小徐的时候，他已经差不多半年没有工作了。他还想着继续找门路做生意，希望重现旧日辉煌。他现在有一个同居女友，对他很贴心，天凉了给他添衣服，感冒了给他买药，平时还会主动拿钱给他花，小徐再三强调自己从来没有跟她要过钱：

> 我从来都没有跟她说，我没钱了，你拿点钱，从来我不会的。（你觉得找女人要钱不好？）我记得以前有个朋友，老是找女人要钱，我觉得有点别扭，但是呢，我跟她在一起，有时候我口袋没钱，她都知道，她都主动拿给我。（她每次给你多少？）最少也有几百块，最多有1000多块，她都清楚的嘛，我没工作，没什么钱，反正她给我，我也是一起花，没什么。（拿她的钱会别扭吗？）别扭是别扭，但是也没办法，毕竟呢都是两个人在一起，有一年多的交往。不过我从来不会开口要钱花，没钱花了她都知道的。

小徐的这个女朋友，也是个外地人，小徐说是打工的，邻居们告诉我是做小姐的。她很喜欢小徐，正是因为她的坚持和付出，才慢慢感动了女人缘好、一开始对她无甚兴趣的小徐。两个月前，他们搬到一起住，小徐收敛了很多，不再跟其他女孩子瞎混。小徐说：

> 没跟她在一起以前，我真的有好几个，三四个，那个时候无聊嘛，每天晚上无聊出去跳跳舞，这是很正常的嘛。但是跟她在一起以后我就跟那些女孩子没有来往了，因为跟她在一起，又跟别的女孩子聊聊天，给她知道，肯定不是那么舒服。她有时候会查我电话，她知道我以前有些老相好的，

但是我跟她在一起，好久没跟那些人联系，她在身边我看到她们的电话我都不敢接，有时候她不在，她们打电话给我聊聊。

聊着聊着，快到中午了，小徐问我要不要留下来吃饭，他给我做几道潮汕菜。见我有点惊讶，小徐笑着说："我做饭还可以的，我跟女朋友在一起经常做。"正说着，小徐接了一个电话，是老乡阿毛在老家的老婆打来的，跟他打听老公是不是在外面有了别的女人。接完电话，小徐转身过来，很认真地跟我说："我虽然在外面找女人，也是那种需要，但是我从来没有从家里（指汕头老家）拿一分钱。不像我这个老乡，他老是从家里拿钱，拿来跟这个女孩子一起花。"

结　论

2007 年 6 月，时隔一年，我重访广州和宁波。我联系上了大约三分之二的受访者，也从邻居和朋友那里打听到一些其他人的近况。在本书前几章出现的主要人物中，Lucy 跟她的香港男友分手后，去了深圳，开始跟一个单身企业家交往。她的朋友 Jamie 已经换上了平跟鞋、孕妇装，小心翼翼在家待产，男友承诺给她换一套大房子。住在广州郊区的阿菲和阿雪还同男友在一起，而她们的好姐妹阿婉已经被男友甩了。打工妹阿润和阿芳回了老家，阿萍生下了儿子，跟李雅一样，虽然偶尔还会上演"离家出走"，但已经打定主意跟这个男人过一辈子。阿英和阿媛还在沈家村讨生活，独自抚养女儿。当女儿越来越频繁地问起爸爸，强悍如阿英，也感到棘手。阿媛一边想方设法瞒住母亲，一边计划着把女儿接到身边。老王跟妻子离婚后，同小梅结了婚。严龙在遭遇了一场重大车祸后，妻子和女友都离他而去。我没能联系上来自潮汕的小徐和阿毛，邻居们告诉我他们离开了，不知去向。

一个阳光明媚的六月的午后，我造访了阿菲的新家。新家的小区环境看起来更高档，绿树荫荫，墙白瓦红，楼里有电梯还有保安。但屋内的条件却不及从前——居室面积比原来的小，装修也没原来的好，略显老旧。我随口问起为什么搬家，阿菲告诉我说，原先的公寓楼没有电梯，她有两次晚上喝醉了回家，从楼梯上摔了下来。阿东就给她买了这套带电梯的公寓楼。

正聊着，我从包里拿出一套迪奥的香水礼盒送给阿菲。她高兴地打开盒子，把香水瓶子拿在手上端详。"这很贵吧？迪奥的牌子有很名，"她抬着头看着我说，"你还能记得来看我，我那个男人两个礼拜没来了。每次打电话给他，他都说很忙，没时间过来。"

从我认识阿菲以来，就不时听她抱怨阿东来得少了，甚至担心他会甩了自己，朋友们有时候笑话她想太多。但这一次，似乎并非无中生有。阿菲继续说道：

> 四月份他朋友带他去了一趟东莞。他回来跟我说，那里的靓女很多。我问他是不是跟靓女上床了，他说没有。但是从东莞回来以后，他变了很多。以前他很害羞，看到那些小姐也不知道怎么说话，每次都让我陪他去。现在他在酒吧里玩得很嗨。这两个月他去了好多次东莞了，我怀疑他在那边有人了。

我问她有没有想些办法不让他找女人，她笑笑说："我又不是他老婆，我管不了，就是他老婆也管不了。男人天生都花心的。"

而这次，阿菲不仅面临着更年轻漂亮的靓女们的威胁，更直接感受到了阿东妻子的压力。闲聊了一个多小时后，阿菲慢慢道出，她搬家最重要的原因是，阿东的妻子在阿菲旧居附近买了一套公寓。阿菲悻悻地说："他害怕他老婆在路上碰到我，打起来。

他老婆买了那房子后，他就给我找了这套房子，催我搬。"说着，阿菲伤感起来：

> 这次我和他真的是要分手了。他现在还给我钱，但他上个月跟我说他生意不好了，可能做不下去了，到时候就养不了我了。但是他们跟我说他最近给他老婆买了一串很贵的珍珠项链，还给钱她去日本度假。可能他现在发觉老婆才是最好的。

男友的态度让阿菲感到焦虑不安，忧心忡忡。她计算着阿东过来的次数、打来的电话、给的钱、送的礼物，品味着他说的话，表现出的热情，仿佛这些都昭示着他对她的兴趣、感觉和欲望，而这将改变着关系的走向。男友的性与情感的欲望是内在的、变动的、不可捉摸的，时刻需要寻找外化的痕迹和证据，去反复确认。当男性的欲望游走到其他女人，甚至是回到妻子身上，可能都将意味着关系的终结。

婚外包养与亲密关系伦理

在本书中，我讲述了很多通常被叫作"婚外包养"或"包二奶"的故事。不同于"钱色交易"的简单化解释，我指出，包养关系是一种不同于交易性性关系的亲密关系。事实上，与性交易区分开来，正是包养关系中的人们进行带有伦理意味的"关系管理"（Zelizer，2007）的起点。这种"关系"划界，一方面建立在女伴性关系的专属性上。在这些关系中，不仅男性要求女伴的"性忠诚"，而且受访女性主动强调"我又不是小姐"，"不是谁都可以的"。另一方面，关系的情感特质被高度凸显。人们通常使用充满情感色彩的语言来表述对关系的理解，比如，"喜欢"、"有感觉"、"恋爱的感觉"或者"被感动了"、"他对我还是有感情的"。这些语言将两人间的关系界定为一种情感性社会关系，而非交易。

与"一夜情"、更随意的"情人"关系等其他婚外情相比，包养关系意味着更多也更长久的关联和相互责任，而这恰恰体现在人们如何在日常生活中界定和协商经济往来、互动方式和关系形态，使之构成互洽的组合。在包养关系中，男方提供住所往往意味着一种相对稳定关系的承诺，给出的钱财通常以负担生活开销的形式出现、表明他们供养女伴的责任和意愿，并以礼物的形式表达浪漫情感，取悦对方。女方不仅就合理的开销、必要的礼物等物质交换讨价还价，她们也会就男友的逗留时间、对待她们的态度、性行为、情感表达等方面进行协商（尽管这些协商的努力不一定成功）。

很大程度上来说，虽然被主流婚恋道德所谴责，但婚外包养关系恰恰高度遵循主流婚恋文化的性别逻辑：男性的经济供给被建构为一种爱的表达，一种责任担当，被鼓励甚至被要求，而女性在关系中的"性忠贞"则更被强调和要求。在此基础上，人们通过这一系列关系管理的尝试，为这种非制度化的亲密关系界定边界，并商议个体为维系关系所需要付出的经济、情感、性等各方面的努力。

中国历史上有过纳妾的传统，但当代的婚外包养关系并非纳妾习俗的"死灰复燃"。① 在传统社会，纳妾是制度化家庭的一个组成部分，受到宗法制度的制约。妾是家庭的正式成员，但

---

① 当然，纳妾传统为当代男性婚外包养提供了某种历史说辞，这些说辞往往是以佐证"男性天生花心"这样的当代本质化的男性气质论述而出现的。

"妻"、"妾"之间存在着明显的身份差别，体现在娶纳方式、死后葬礼、家中名位、衣食起居、权利义务等各个方面（陈鹏，1990；程郁，2006；伊佩霞，2010）。尽管纳妾有象征（家族）地位、满足（男性）情欲等作用，而繁衍子嗣则是纳妾在宗法社会中最"正当"的理由（程郁，2006）。换言之，纳妾与履行家庭责任、维护家庭秩序密不可分。

与之截然不同的是，当代婚外包养关系呈现高度的"去家庭化"。比如，在包养关系中，生育实践和意义都发生了明显的变化。在我调查的案例中，怀孕和生育在包养关系中不仅不是"关系设定"的一部分，而且通常是要避免的。不少女性曾意外怀孕，而绝大多数的情况选择打胎。在少数决定生下孩子的情况中，生育往往被解释为两性间浪漫情感的一种升华或结果。生育的意义已经从履行家庭责任转变为见证私人情感，而浪漫爱情话语为"非婚生子"提供了某种可表达的文化资源。不难看出，当代的婚外包养关系与履行家庭职责关联甚微，而更多指向个体私人情感和欲望的满足。[①]

婚外包养关系体现了当代中国社会个体情感的兴起与婚姻的工具性强化之间的某种张力。这种张力一定程度上撑开了人们对婚外情进行伦理判断的弹性空间，构建出男人将不离婚作为道德

---

① 这里的情感很大程度上是吉登斯所说的"浪漫之爱"（romantic love）与"融汇之爱"（confluent love）的杂糅。在吉登斯看来，浪漫之爱是基于两个人之间的相互吸引，具有"排他性"（独一无二）和"永恒性"（天长地久）的一种情感理念，而融汇之爱则是积极主动、随遇而生的情感理念，在此基础上建立起依赖于关系本身而非外在制约的"纯粹关系"。不同于传统责任、承诺等外在束缚所组织的关系，纯粹关系依赖的是个体之间相互吸引和彼此需求，个体在关系中获益（包括情感体验），互动形态通过互相协商建立，并不许诺"未来"。也正因如此，它本质上是不确定、不安全的，它是需要经营和协调的（吉登斯，2001，2009）。

底线的合理性，也为包括婚外包养在内的婚外两性关系提供了某种"道德"论述的空间。①

学者指出，市场改革以来私人生活变革的一个重要体现是对个体情感、欲望的肯定乃至推崇（Rofel，2007；阎云翔，2009；阎云翔、郎帅，2016）。在改革初期，在知识分子主导的公共话语中，浪漫爱情和个体欲望被认为需要从集体化（尤其是"文革"）时代的"压抑"状态中解放出来，是人性的拨乱反正，具有某种伦理意义（Farrer & Sun，2003）。个体情感的兴起很大程度上反映了人们对婚姻的情感期待的提升。不同于费孝通在《乡土中国》中描述的婚姻常态，"男女只是在行为上按照规则经营分工合作的经济和生育事业，不向对方期望心理上的契洽"（费孝通，1998：46），当代中国人对于婚恋关系中的情感诉求日益增强。这不仅表现在恋爱择偶阶段要求"有感情"、"有话说"，在婚后生活中也更加讲究沟通交流、情感契合（徐安琪，2000；阎云翔，2009；Farrer，2002）。情感在婚姻中的重要性也体现在国家法律层面，在1980年的婚姻法修订中，"感情破裂"已成为离婚的"必要条件"：双方感情确已破裂，经调解无效。《婚姻法》把个人之间的感情作为婚姻的目标与衡量标准，离婚开始可以作为解决问题的手段之一，瓦解了婚姻的"神圣性"和"永恒性"（潘绥铭、黄盈盈，2013）。从理念上来说，婚姻关系很大程度上演变成一种建立在双方情感契合基础之上的"契约"。

---

① 毫无疑问，当代婚外包养关系与传统纳妾的差异与现代社会的诸多变革有关。比如，婚姻制度的变革。新中国成立以来，从法律和社会实践层面废除纳妾行为，确立一夫一妻的婚姻制度，婚外的两性关系难以被纳入正式家庭关系之中。本书的讨论侧重在亲密关系实践的伦理层面。

与此同时，婚姻的"工具性"作用日益凸显。正如学者指出的，处于转型社会和全球化风险当中的个体，面临着残酷的市场竞争压力和充满不确定性的生存环境，加上国内社会保障严重不足，国家、单位、集体等组织力量的部分撤出，个体回到家庭寻找资源和安全感。家庭成为个体参与市场竞争的重要资源，也构成社会安全网的兜底机制（吴小英，2012）。与此相伴的是，家庭关系经常呈现某种"实用化"甚至"功利化"的取向，比如物质条件越来越成为现代人择偶中最看重的因素之一（徐安琪，2000；Farrer，2002）。基于姻缘和血缘的社会关系的重要性增强，代际的经济、事务性互助得以延续且有加强的趋势，甚至宗族重建在一些地区活跃起来，成为重要的社区活动（冯尔康，2005；马春华等，2011；王跃生，2010；庄孔韶，2000）。在这个过程中，作为利益共同体，家庭的稳定性变得重要，个体的家庭责任被重申，强调家庭及家族整体利益的观念和习俗得以重建和强化。

个体情感与家庭责任、婚姻的情感性与工具性之间的内在张力构成了人们真切感知的生活现实，这也反映在人们对婚外亲密关系矛盾复杂的社会态度上。一方面，婚外恋构成了巨大的社会焦虑和恐惧。"婚姻忠诚"在官方和主流公共话语中被高度强调，并试图通过法律来对婚外两性关系进行制裁，比如2001年的《中华人民共和国婚姻法》修正中，明确规定夫妻间有相互忠诚的义务，禁止有配偶者与他人同居。另一方面，根据中国人民大学性学研究所的调查，在2000～2010年，不仅婚外性行为在增加，人们对婚外恋、婚外性的包容度也在提升（潘绥铭、黄盈盈，2013）。

婚外包养中的性别、阶层与城乡

亲密关系不仅充溢着流动的情感、金钱和性，而且蕴含着复杂多样的社会意义。通过对不同案例的深描和分析，我指出婚外包养关系成为人们建构性别身份、协商社会地位、获得有意义的自我认同、价值感和尊严的途径。然而，包养关系对于处于不同社会位置的个体而言，具有不同的意涵。阶层、城乡和性别等社会力量相互交织，深刻地影响了人们进入包养关系的轨迹、在关系中的互动与体验、对亲密关系的理解以及关系管理策略。

对商业阶层男性而言，包养关系成为将经济能力转化为社会地位的一个重要途径。在男性欲望显性化和女性身体商品化的性别话语的支持下，拥有漂亮女人成为彰显身份、权力和优势的重要手段，也成为商人阶层的一个群体性实践。因此，商人的二奶们不仅要在私人领域满足对方地位感的需要，而且要通过一系列的身体管理、亲密互动等方式帮助对方在社交场合中表现出优越感，并建立起有吸引力的男性形象。

与此形成对照的是工薪阶层男性。他们在市场化的过程中逐渐被边缘化甚至被"去势"，包养关系更多起到的是"尊严补偿"的作用。作为一种个体策略，他们依赖二奶提供的体贴的家务服务，以及她们压抑抱怨和失望等情感管理的努力，以肯定其家庭供养的角色和一家之主的身份，生产出男人的尊严和价值感。

对进入包养关系的城市女性而言，由于她们身处的社会圈子已整体性地受益于市场改革实现的向上流动，个体积极参与到消费文化所形塑的关于美好生活的想象和设定，构成了其社会交往和群体接纳的重要凭证。与此同时，她们身处高度推崇男性供养的性别文化之中，长期依赖与男性的亲密关系来建构有意义的性别身份，并维系社会阶层位置。与已婚男性的亲密关系是他们"没有找到合适结婚对象"时的过渡性选择，从而能够维持时尚的生活方式，保持与原有社会网络的连接，避免向下流动的尴尬境地。在关系管理中，她们将亲密关系工具化和去情感化的同时，也积极寻求经济供给与情感付出之间的相对平衡。

包养关系对来自农村的打工妹而言的意义更为复杂，男伴在情感上的关切与经济上的供给对她们来说往往同等重要。在高度缺乏安全感、归属感和个体尊严的乡城迁移经历中，包养关系以其相对长期、稳定和类家庭的特质，成为打工妹获得情感慰藉和支持的临时性替代。她们中的一些人通过男伴的经济供给实现了向上流动，一定程度上突破了农村身份的限制；另一些则将男友的物质供给和社会地位视为有吸引力的男性品质的表征，享受与心仪的男人谈恋爱的美好感觉。

市场转型中的欲望与尊严

在本书中，我指出婚外包养关系在一定程度上成为人们实践欲望和获得尊严的途径。在关于欲望的"表层故事"的背后，我试图讲述的是一个关于尊严的"深层故事"。在此，我将展开讨论亲密关系中欲望实践的意义及其与尊严之间的关联。

我对欲望的讨论主要聚焦于市场转型期欲望的社会文化生产方面，这受益于不少学者的洞见（比如，王宁，2012；阎云翔、郎帅，2016；Rofel，2007）。① 罗丽莎在《欲望中国》（*Desiring China*）一书中，通过对公共文化的分析，探讨了中国社会市场转型中"欲望主体"的生产。她指出，1990 年代以来，在席卷中国的新自由主义进程中，与全球资本主义相连接的代表"普遍的人之本性"的新自我被打造出来，取代计划经济时代的政治文化和与此相关的社会实践。"欲望"正是普遍人性的核心（Rofel，2007）。罗丽莎用"欲望"一词涵盖一系列宽泛的期待、需求和渴望；作为欲望主体，个体通过性、物质和情感的自我利益（self-interest）而运转（Rofel，2007：13 - 14）。罗丽莎指出，这是一场国家与民众共同参与的重构自身与世界关系的文化实践，借助设定人们欲望的主题、一种新自由主义的治理实践，国家获得政治的合法性，而个体可以在新自我与席卷全球的新自由主义和消费主义伦理之间建立起联系。

阎云翔侧重从道德维度来探讨欲望，不同于将"欲望"视为对道德和规范的突破和颠覆，他认为欲望本身就是新的社会伦理规范的一部分。1990 年代以来个体欲望迅猛发展的根本原因是"从注重责任和自我牺牲的集体主义伦理体系向强调个体权利和自我发展的个人主义伦理体系的转变"（阎云翔、郎帅，2016：44）。阎云翔指出，欲望是从价值观转型到生活中的道德实践转型的最短通道。欲望合理化不仅体现在价值观层面的转变，而且

---

① "欲望"是近年来有关中国社会学术研究和讨论的热点议题。一些研究者从主体建构入手来观察欲望，认为欲望话语创造出一种主体空间，反映的是人的日常生活中即时的、有关肉体感受的甚至是非理性的那些方面，往往在社会道德和秩序的规制下未能充分表达（丁瑜，2016，裴谕新，2013，Tsang & Ho，2007）。换言之，在这些研究中，欲望被视为与既定的社会规则和秩序对立，从属于个体，其表达能够为个体寻求某种突破社会规范的"主体空间"。与该取向不同，本书讨论的兴趣点侧重在欲望生产和运作的社会面向。

在社会生活实践中推进，是改革开放以来，几十年一直持续不断的一个过程（阎云翔、郎帅，2016）。

阎云翔的分析基于他对中国传统人格的建构的理解。在他看来，中国人传统的做人过程的决定性机制是"克己复礼"——一种道德性的自我，通过道德化的自我反省来控制欲望，达成符合社会期待的人。欲望的合理化正体现出这个基本伦理机制的被颠覆和修改，"为了要使欲望得到更多的满足，我们的道德化的自我就不再努力去压抑欲望，'克己'这一面很少有人能做到，相反地是来修正什么样的人才是合格的受尊重的关系人"。欲望与个体是一个硬币的两面，欲望的合法化与个体的兴起有着自然的亲和，"全球化时代下，欲望的合法化是一个不可阻挡的潮流。因为欲望的合法化，个体就先天性地获得了比以前更多的优势或者更强的话语权"。（阎云翔专访，2017）[①]

上述学者所指出的，正是以"普遍人性"面目出现的欲望是市场改革以来个体化的主体建构的核心。个体欲望不再处于改革前高度"失语"或"批判"、"改造"的状态，而被自然化和合法化：既认为欲望是个体内在固有的，又强调欲望满足的合理性和正当性。欲望论述围绕着个体展开，但与偏重于理性计算的利益概念不同，欲望包含着感受层面，从而指向更具整体性和复杂

[①] 《阎云翔：因为欲望，我们再无可能倒退回传统道德伦理》，《界面文化》阎云翔专访，2017 年 6 月 13 日，http：//www.sohu.com/a/148447552_99897611。在该访谈及另一篇学术论文中，阎云翔阐述了对传统人格建构的观点：中国人所理解的"人"有三个建构，一个是欲望，一个是伦理反思，一个是社会期待的角色。欲望的部分叫作"个体"；反思的部分叫作"自我"；社会角色叫作"关系人"。我们每一个人说要做什么样的人，就是做一个满足人伦关系、符合社会期待的人。在整个欲望的个体、道德化的自我、关系人的三角关系之中，在整个传统实践中是"self against individual"，就是道德化的自我来控制压抑欲望的个体（阎云翔专访，2017；Yan，2017）。

性的人性特质。

不同于阎云翔在论述中将欲望本质化的潜在倾向，我更倾向于将欲望的兴起视为一种理解和解释个体行为的文化解释体系的变迁，这很大程度上受到人类学家 Jane Collier 的启发。Collier（1997）对一个西班牙村庄 1960 年代到 1980 年代二十年变迁的研究发现，市场转型的变化是关于理解人们行为的概念和解释框架，从原来的（对他者的）责任转向（关照自身的）欲望，而不是简单的从压抑欲望到实践欲望。在普遍"遵循传统"的 1960年代，人们也通过不同的方式实践内心的欲望；而在广泛"听从内心"的 1980 年代，人们也在"遵循他人的意见"。差别在于，人们理解、解释行为的文化参照体系发生了明显的变化。即便是类似的行为，之前人们习惯用遵循传统、履行义务这样的概念系统来解释和表述，而到了市场化时期则倾向于解读为自我意愿的形成。

在市场转型期的中国，欲望的合理化，与其说是人们跟从内心意愿和感受的可能性的提升、挣脱道德自我的压抑，不如说更多体现在人们的概念和实践领域的微妙变化，这些变化影响了人们如何管理自我呈现与解读他人行为。正如本书中所呈现的，欲望——对性的需求，对情感的诉求，对生活方式的要求，对摆脱命运、向上流动的渴求——成为人们理解和解释包养关系的一个重要的参照系统。而事实上，那些构成"欲望"的内容，受到各种力量的形塑和规制，围绕着什么是正常的和不正常的，什么是恰当和不恰当的，生成了新的道德和价值判断，对个体进行约束。简言之，欲望的合理性最主要体现在其变得"自然"、"可见"、"可言说"、"可理解",而不是不再受到道德的约制。①

正如本书所阐释的,市场转型中崛起的新富阶层正是以能够更大限度地实践欲望而标示的,甚至以其逾越主流道德的可能性来构建起整个阶层的区隔;而当欲望被当作"人之本性",又巧妙地掩盖了其传达阶层边界的意涵。作为一种阶层区隔符号,欲望的"外显"尤为关键。正因如此,男性欲望的表演在新富阶层里是高度组织化、半制度化的行为。通过日复一日的消费、组织化的夜场消费,新富阶层向社会传递出一种新的价值标准。财富的力量与性的、情感的欲望搅动在一起,这种欲望必须是可见的,而不是独自享受的。甚至可以说,正因为存在主流道德对婚姻忠诚的要求,有能力公开僭越才构成有意义的"区隔"符号。与此同时,正如一些关于商人群体的性消费的研究所揭示的,该群体内部形成特定的"道义经济"(moral economy),规制欲望实践和呈现的恰当方式(Hoang,2015;Osburg,2013;Zheng,2006,2009)。

在这些喧嚣的欲望言说、彰显的表层故事背后,我力图讲述的是一个关于"尊严"的深层故事——那些人们真切感受但未能被明确言说的故事。我对尊严的探讨受益于哲学家查尔斯·泰勒(Charles Tyler)的启发。泰勒(2005)指出,现代尊严观念,不

① 事实上,在转型期的中国,针对不同的欲望发展出不同道德标准。比如,王宁(2012)指出,在公共话语和社会实践中,物质的、消费的欲望受到极大的承认和鼓励,这本身就构成了中国经济发展的一个重要动力。但消费欲望的合理化并不意味着消费欲望不再受到道德的"控制"。正如张慧(2016)关于河北农村的田野调查发现,在贫富差距短期内扩大的情形下,也会形成新的道德规范控制求富不得的欲望。公共话语中关于情感和性的欲望则更为复杂,在正统婚姻观之外,吉登斯在《亲密关系的变革》(2001)中所定义的"浪漫之爱"、"融汇之爱"等原则都有不同程度的显现,但并未对婚姻忠诚的基本原则造成根本性的冲击。

同于建立在传统等级制度基础上的荣誉观念，是建立在平等主义和普遍主义的基础之上的，其基本前提是"人人都享有尊严"。尊严与关于个人认同的崭新理解关联在一起，这种新的个人认同高度强调（他者）承认的重要性。与此同时，我借鉴社会学的研究在经验研究层面探讨尊严概念的做法，将尊严与自我价值、群体参与、社会认可等方面关联起来（比如 Lamont，2002；Pugh，2009）。

在本书中，我将尊严视为与自我认同和社会承认相结合的概念，其核心是作为人的价值得到平等尊重，主要表现为人性化存在、自我价值感、群体（社会）承认三个方面，这三个方面有所区别但又彼此关联。人性化存在与社会中他人、机构与制度的对待方式密不可分，构成自我价值感的基础层面；而自我价值感关乎自我认同，高度依赖他者的认可，尤其是生活世界中的重要他者的承认。①

我认为，寻求有尊严的生活恰恰构成了在婚外包养这样主流道德之外的亲密关系里的伦理支点。这里的伦理关乎"我该如何生活"的整体生活方式的判断，因此，必须将对特定亲密关系的

---

① 本书就写作意图对尊严概念做了界定。然而，正如程新宇（2015）指出的，尊严是一个被广泛使用但其定义存在争议的概念。尊严不是一个固定不变、清楚明了的概念，而是一个内容复杂、涉及多个维度的、发展着的概念。定义尊严的困难首先在于，在尊严概念的历史发展中，这个概念和太多别的概念、以太多的方式相联系。一方面它和人、人的本质、人的价值等概念紧密相连；另一方面它和自主、平等、荣誉、权利、义务等概念不可分割。这样，如果与之有关的概念有多种不同的含义，则尊严概念就有多种不同的含义。定义尊严的困难其次在于，在尊严概念的当代应用中，它被广泛用于各国的文学、哲学、历史、政治、宗教、法律中，尤其被广泛地应用于当代国际法、各国法律与生命伦理学领域。尊严在不同的领域和不同的文化背景中被使用，其内涵和意义就因不同领域和不同文化而各不相同。

理解放到人们更为复杂漫长的人生轨迹中。毋庸置疑，由于不同的群体在社会结构中的地位差异和其所处的具体的生活世界不同，他们对尊严的诉求各有偏重。比如，一些打工妹高度看重男伴给予的关切和爱护以及一个稳定的家，从而逃离进城打工过程中"异化"的生活——身体上、社会关系上和情感上的多重异化，获得尊重、关怀等基本的人格需要。另一些打工妹通过包养关系同时获得经济资源，在城市获得较为稳定的生活，生成"我也可以过想要的生活"的自豪感。都市女性通过男性供养进行时尚消费，获得和维系对她们而言重要的社会群体的认可，维持都市女性身份和归属感。对很多女性而言，通过体会爱情或被爱，她们实现了在市场化时代女性认同里最重要的部分。对工薪阶层的男性而言，女伴提供的照料和情感劳动则弥补其在市场和家庭中受损的男性尊严和价值感；而对于新富的商人阶层而言，亲密关系的实践在他们建构群体边界的同时，也成为个体获得同伴群体接纳和认可的重要方面。

在现代社会，亲密关系与个体层面的自我认同密切相关，是确认自我价值的重要方面。正如泰勒所言，"在个人层面，我们可以看到一种独特的认同是多么需要，同时又是多么容易受制于有意义的他者所给予或拒绝给予的承认……爱情关系之所以重要，不仅在于现代文化普遍强调应当满足人的各种一般需要，而且因为内在发生的认同就是在爱情关系这个熔炉里诞生的"（泰勒，2005：299）。在转型期的中国，当本质化的、充满性意涵的性别观念兴起时，亲密关系的实践成为性别认同和个体价值的重要方面，对于女性而言尤其如此。

更重要的是，婚外包养关系中的尊严获得往往与更宽泛的社会认可、承认关联在一起。亲密关系以"补偿"或"跳板"的形式帮助个体获得有尊严的生活。所谓"补偿",指的是通过私人领域的情感满足以弥补公共领域的尊严不足、损害或欠缺的状况。个体高度重视亲密关系中对方对待自己的方式和态度,体恤、关心、尊重等情感表达以及彼此的良性互动,以建构某种难以在其他社会生活中获得的自我价值感和尊严感。而"跳板"则是指通过亲密关系来获取更大社会的承认所需要的资本或条件,从而获得重要的社会圈子的接纳和认可,至少不会"落于人后"。

亲密关系对尊严获得的补偿或跳板作用,与市场转型中公共领域的"尊严危机"有关。效率至上的发展方式、大规模的人口迁移与城乡壁垒并置以及急剧扩大的贫富差距和阶层分化,使很多群体都经历了"尊严不足"甚至"尊严剥夺"的状况。进城务工的打工妹群体大量进入城市进行高负荷而缺乏保障的劳动,在城市被当作"低端人口"对待;贫富差距扩大,男性气质与经济能力高度挂钩,低收入的男性被当作没能力、去男人味;女性群体被结构性地剥夺在市场平等竞争的机会,难以独立获得消费主义营造的理想生活的可能。此时,私人领域成为人们获得尊严的替代选择,尽管进入的可能是一种受主流婚恋道德所谴责的亲密关系。

欲望与尊严都与现代个体的兴起密切相关。欲望成为个体认识自我、建构主体的核心内容,而尊严则关乎他人及社会的对待方式,以建构完整的自我认同和价值感。在中国的市场化转型中,个体的兴起不仅意味着欲望的表达与实践,还包含着对自我价值、个体认同和社会承认的新的要求。也正是在这个意义上,有尊严的生活——个人得到尊重和认可,建构有意义的自我认同,既是现代社会基本的正义需求,也成为迈向个体化时代生活伦理的基础。

附录 "混"在亲密与道德的边缘

田野有惊慌

了解我做婚外包养的研究后，很多人会问我，你怎么找研究对象呢？这无疑是一个很大的挑战。在调研之前，我看过深度调查记者涂俏写的《苦婚》，是她在深圳"二奶村"卧底三个月写就的纪实文学。受此启发，我于2004年8月进入深圳皇岗口岸附近的城中村进行预调研，那里住着很多香港货车司机或工薪阶层的二奶。

我在"二奶村"悠来晃去了一周，陷入绝望。学术伦理要求我不能完全隐藏自己的身份，不能像涂俏那样进行卧底调查，社会经验的不足也让我很难"破冰"。我只能改变策略，通过人际网络散布我在做二奶调查的消息，请亲朋好友帮我牵线搭桥。

此时，一个表妹挺身而出。她在广州上的大学，认识了各色人等，其中就有各种婚外恋、包养关系以及熟悉情况的朋友们。2005年8月底，她陪我去了广州，带着我去结交各种朋友，打开圈子。我跟着她到各种饭局敬酒套近乎，去夜场里掷骰子喝芝华士蹦迪调情，去小姐妹的聚会聊LV、雅诗兰黛和男人。几乎每

天都是半夜 12 点以后回家，有时甚至是饭局—夜场—消夜连轴
转，闹个通宵。

尽管多数时候格格不入，全靠表妹替我挡酒、接茬。但看在
表妹的面子上，大家都客气待我，容我坐在一旁，甚至帮我介绍
研究对象。只是在很多人看来，这有什么好调查的，不是太正常
了嘛。

在广州的第一个月，我完全是一副不知所措的窘样。记得一
次酒桌上有男人说能用筷子喝汤，表妹和他打赌，男人坏笑着说
要是你输了就要陪我睡，我在一旁使劲踢她让她别再逞强继续。
夜场里一身酒气的老板突然搂住我的腰说，其实我也蛮喜欢你
的，我拿钱给你做做脸吧。凌晨 5 点吃完消夜，坐在一群醉酒的
人中开车狂飙，还不能系上安全带。

我开始焦虑，担心自己根本不能完成博士学位论文的调研。
我缺乏在这个圈子里的身体知识和社交技能，语言上的隔阂也被
进一步放大了——我只能听懂简单的粤语白话，他们吹水聊天我
常呆若木鸡，为了让我明白，一些人只能操起蹩脚的普通话，坏
了气氛。人虽见了不少，但需要推进研究，我必须主动联系那些
在饭局夜场认识的陌生人。联系前我都异常紧张，生怕让人反感
断了后路，尤其是潜在的受访者。比如 Lucy 是我最早认识的受访
者，她是表妹闺蜜的闺蜜，初次见面我们就加了 QQ，但是之后
几天我约她总没有回复，害我紧张地把聊天记录复制给表妹，问
她我是不是说错了什么。

最惊恐的一次是在黄埔。我和表妹跟着认识不久的阿蒙去给
她的姐妹过生日。她从小玩到大的好姐妹中，有四个离了婚，带
着孩子，跟着已婚男人。大家在夜总会喝酒狂欢嗨到半夜，转战
去吃夜宵，在门口碰上阿菲的前夫，当地的"地大"（地头），纠

缠起来。表妹试图拉走阿菲,被打了耳光推倒在地,我一着急一冲动,大喊:"你干吗?"话音未落,腰上挨了一脚,眼睛挨了一拳。我赶紧拉着表妹离开现场,开车上了大路。

两个喝大了的女人——表妹哭着嚷嚷自己从没被打过,阿蒙情绪激动地停车打电话叫哥们来打架要为我们讨回公道。拉不动表妹,劝阻不了阿蒙,情急之下我下车打110,因为不清楚具体地址报警无效。阿蒙发现我报警,很生气,猛地关上车门开走了。

凌晨,陌生的街头,脑海里还不时闪过挥舞着拳头的黑衣男人们,我害怕,更担心在阿蒙车里的表妹。只能硬着头皮给她在广州的朋友打电话求助。最后有惊无险,表妹的朋友先后"解救"了我俩,但好好教育了我们一通:当地人打架有分寸,都是亲戚朋友的,不会真下狠手,打的都是外地人。你们这么瞎搞,说不定怎么死的都不知道。好一阵后怕。

后来,我慢慢意识到,在这次调研之前,我一直努力掌控着自己的生活——对自己负责、管理好自己的生活是现代社会理性个体的基本要求,但现在我进入了一个完全"失控"的世界。一方面,作为"局外人",我欠缺这个世界的"文化资本"而举步维艰;而另一方面,"失控"——失去对自己的掌控——也是我的受访者生活的世界的一个特点。

我只能试着慢慢放掉我的"理性",去感受这个世界。在研究初期,我常带着"惯性思维",去"盘问"我的受访者,比如问他们"以后怎么打算的?""以后怎么办?"——这些也是后来我讲这个研究时经常被问到的问题。他们给我的回答常是一句"今天不知明天事"。

一开始我以为他们不愿告诉我真实的想法,随口敷衍。到后来，当我陷入他们的生活之中，才理解这些回答的意涵。对未来的计划需要有对现实的掌控，而在"今天不知明天事"的世界里，"计划"往往是无效的。这并不意味着人们对自己的生活处于无助无力的状态，只是生活的走向充满了变数和不确定性，他们期望的未来并不在真正的选项内。因此，长线规划往往是徒劳无益的投资，他们更需要的是一种"事到临头"的应对能力。

谁是"二奶"？

什么是"二奶"，什么算婚外包养关系，界定并不容易。在媒体上，"二奶"、"小三"、"情人"等词几乎混用，但是在现实中，人们往往有着精细区分。一次和开车行的朋友闲聊，他说自己就不愿意包二奶，有个女朋友倒是可以，大家想玩的时候一起玩玩，想在一起的时候在一起，但是各回各家；会送礼物或者经济上的帮助，但是没有什么定期的家用。"一个老婆管着就已经够烦的了，还要个二奶！"他抱怨道。

我对"二奶"的界定采取了"社会生成"的方式，让中间人给我介绍他们认为的二奶或包养关系中的人物，让这样的一种社会认知渗透到研究中来。他们介绍的对象在一些方面具有相似性：一般由男方提供固定居所、提供家用或负责女方的基本支出，关系相对稳定。而这些也区别于其他例如情人、一夜情之类的婚外关系。

一个冬日午后，我坐了将近两个小时的公交车，来到广州市区地图外的一个城中村和阿润聊天。38岁的阿润来自广西的小县城，一身绿色的呢子外套穿了十来年，和男友——来自浙江的汽车配件销售员住在一个月租 350 元的一居室里，19 寸的彩色电视机是家里唯一的电器。男友每个月在广州待两周，负责这期间所有的开销，不在的时候给阿润 800～1000 元的家用，阿润还要存下一半寄给在老家念书的儿子。阿润叨念着男友的好，说周围的人都说他们是两公婆。聊完我请她一起吃五块钱一盒的盒饭，她嫌贵又不好吃，说下次去她家她做给我吃。

几个小时后，我在广州上下九的仙踪林跟 Lucy 喝奶茶吃甜品。26 岁的 Lucy 是广州本地人，打着绿色眼影画着红唇，给我看新买的 Gucci 手机链，聊起前几天在朋友的派对上认识的男生，送了她一盒 SK－II 的化妆品。Lucy 现在跟的是一个香港的设计师，一个月来广州过两个周末。Lucy 抱怨男友对她越来越差，要不是因为答应生日的时候送她 LV 包包，她才不忍他呢！

就这样，我穿梭于广州的"折叠空间"，从唏嘘感叹到习以为常。受到各种局限，我的研究不能涵盖所有二奶的情况，比如我没有打入官员或大富商的圈子，也疏漏了女大学生群体。在我访谈过的二奶里，主要有四类：像阿润这样生活在城中村的外地打工妹，像 Lucy 这样的广州本地美女，还有曾经在夜场工作的姑娘们，以及在广州郊区离了婚带着孩子的妇女。她们都没上过大学，跟着中小商人或工薪阶层的男人，但彼此间已是天差地别。有时我跟广州的朋友聊起生活在城中村的二奶的情况，比如家里没有空调，冬天给男人洗衣服长了冻疮，他们瞪大了眼睛说："这也能叫二奶?!"

人们对二奶充满了想象，而这些想象常常带着年龄、阶层、性别、情感的单一预设。这样的大众想象也影响着我的受访者，她们常说：我跟人家不一样。比如，"我们是有感情的"；比如，

"我认定了就认定了";比如,"我这个男人没什么钱的";再比如,"我从来不跟他主动要钱"。将自己描述为例外,是她们"去污名化"的努力,在我看来,也是她们拒绝将自己的情感和生命归于那些单一平面的形象。

在我的研究里,我也将她们视为"例外",收集她们生活的点点滴滴和她们眼中"与众不同"的片段,将她们"恢复"成一个个复杂立体的人。我很快放弃了原先设定的半结构式访谈为主的研究方案——半结构式访谈带着太多我的预设,我问的她们不知道该如何回答,而她们真正关心的我又问不到。我开始花大量时间和她们"混"在一起,一起去做头发、美容、逛街、喝茶、打麻将、泡吧,像女朋友一样闲聊八卦。

田野调查激活了我的调研,但我也不得不在研究深度和广度之间做出取舍。我本打算后半年去深圳调查香港货车司机和工薪阶层的二奶,但很快放弃了这个计划,留在广州进行跟踪调查;原先计划的访谈30~50个包养案例也完成不了,只能依赖现有的圈子带我到能去的地方。

我慢慢意识到二奶之间的差异之大,远大于她们与自己生活世界里的其他女性之间的差别,尽管后者并不是"二奶"。Lucy的女朋友们一样热衷时尚和名牌,打量男人的眼光首先落在他的车和手表上;黄埔的阿雪和妹妹一样爱打麻将、爱抽烟泡吧,不过妹妹命好嫁了一个有钱人;在城中村的档口,一个孕妇麻将打了一半,同居的男人过来找她要钱,两人争吵推搡起来,男人掏走了她兜里仅剩的十块钱去隔壁打牌,留她在身后破口大骂,牌友问她怎么还给这样的男人生孩子,她冷笑道:"你给我钱我就去打掉啊!"那一刻,我突然理解了阿润经常挂在嘴边的"今天不知明天事"。

"共情"的边界

质性研究讲求对研究对象予以"共情的理解",田野调查要获得"内部人"的视角,这也是我努力达到的目标。经过头两个月的艰难而缓慢的摸索,大半年"混"下来,我陆陆续续正式访谈了16位二奶,倾听她们的生命故事,和其中几位还有了更深的交情。

在酒吧喝大了直接睡在阿菲家,第二天起来蓬头垢面地取笑昨晚彼此的失态;和阿润一起躺在她起了球的被窝里,听她聊起托付给老家好友的儿子,快上中学了越来越叛逆,声泪俱下;Lucy和男友吵架没钱时,也会找我借个几百一千块;在宁波认识的李雅,春节的时候给我打电话说跟老公吵架,离家出走了,问我怎么办。

相比于二奶们,我接触男性研究对象时遇到了更多困难。他们不太愿意接受访谈,即便接受了,他们的表达也很干涩。一来很多男人不习惯聊自己的感情体验,二来也跟微妙的人际政治有关。调研时,我26岁,跟他们的二奶差不多大,却要"盘问"他们的婚外关系,这让彼此都有点不适。因为难以打入以男性为主的工作和社交场合,"混"的策略在他们身上也很难奏效。我只能倚赖在夜场中对他们的观察和见缝插针的闲谈,以及来自他们的二奶的描述。正因如此,我对这个群体最缺乏"共情的理解",这是我研究的一个不足,也恰恰折射出质性研究中经常讲到的知识的产生与研究者和研究对象之间的关系密不可分。

我每天去不同的地方访谈、观察、"混着",回来写田野笔记,整理录音,日复一日。我有时设想如果我是她们,我会怎么办，似乎并没有太多好的选择和办法。日子久了也觉得身陷泥沼，常有烦闷之感。

那时我每周六去爬白云山，有五六个固定的"旅友"，平时我和他们的生活没有太多交集，因爬山而聚在一起。一边爬山一边闲聊，听公司总经理老张聊聊国家大事、内部消息，跟中医大夫阿宏讨教下养生秘诀，再和女编辑白玉和单亲妈妈小艺聊聊各种八卦。知道我在调研二奶，他们也会跟我讲他们听说的二奶故事，谈谈他们的观点，帮我出主意如何和人套近乎。于我，周六、白云山、这一群人，构成了我在广州努力体验的"另类"生活之外的"正常"的生活空间，让我得以喘息，返回那个更熟悉和自在的自己。

一日爬山又聊起我的课题，我说有兴趣跟夜总会妈咪和小姐聊聊，但苦于没有渠道认识。老张说他认识夜总会的经理，可以给我引荐。一周后，他安排了个饭局，还叫上白玉和小艺作陪。在饭桌上，小艺聊起了她曾给朋友介绍援交的往事。夜总会经理听着起了兴趣，拿出名片，问小艺是否还有人介绍。小艺说："有啊。"接着笑言朋友说她很合适当妈咪。经理更起劲儿了，建议小艺去他们那里试试。小艺说可以到老家最好的夜总会去招小姐，这样有经验，不用教。老张也插话说："我也去，我去把关。"大家相谈甚欢。一会儿，经理有事要先走，临行前特意嘱咐小艺："你考虑考虑啊，来我们这里来试试，都是为了赚钱。"

我起先以为小艺和老张是逢场作戏，"话赶话"热着场子，就像我也积极表态要跟着去看招小姐。没料到，他俩越说越投入，开始深入讨论招募小姐的细节，甚至谈到了分工和利益分成。大概是看出了我的异样，几日后，老张打电话给我，说小艺也很不容易，要养儿子，但没什么技能和专长，工作不稳定赚不到钱，这个做好了说不定可以解决她下半辈子的经济问题。他也是想帮她一把。

最终，因为合伙人们在细节上的分歧，小艺的妈咪事业无疾而终，但这件事对我的震动甚于任何一个二奶故事。我意识到尽管我无比努力地像个"内部人"一样去感受，把访谈对象当作我的朋友，但这只是我的工作，是职业化的呈现自我，在他们的"另类"生活中穿梭；而周六的爬山小组则属于我的"正常"生活，他们是我主动选择的朋友，维系着我的自我归属。而如今，工作与生活，"另类"和"正常"之间的边界被打破了。

我慢慢认识到，第一，所谓的"正常"和"另类"的边界不过是我人为设置的屏障，随时可能流走或变得模糊，我的"正常"世界随时有可能变得"另类"，或者说，我的世界随时可被"侵入"；第二，我的研究始终建立在我对研究对象的"自我"悬置和"道德"疏离之上，也就是我以一个在道德行为上"正常人"的角度去琢磨他们，所谓的"共情"始终带着伦理的隔膜。

第一点对我的个人道德造成了冲击，第二点则对我的研究伦理提出了根本性的质疑。然而，意识到并接纳第一点，很大程度上有助于我缓解研究伦理上的危机。或许"完全的共情"只是个虚像，但这敦促我对自己与研究对象之间的关系采取了更为自省的态度。

我开始认真思考另外一些之前隐隐有感的问题。比如，我对外地女性的同情胜于对广州本地女性，这不仅是因为"同在异乡为异客"，更是受到我个人的价值判断的影响。尽管我试图摆脱预设，但心中始终存在一些或明或暗的线，将人分隔在我愿意投注不同情感的格子里。

那些迫于生计、缺乏机会、在流动中流离失所、在阶层和城乡结构中缺乏向上流动机会的女性成为"二奶"是情有可原的，而为了消费、维系某种生活方式而被人包养是令人鄙夷的；有感情的婚外情叫人唏嘘，亲密关系的工具化使用则令人不屑。这些背后其实是一系列价值判断的混合——主流性道德、对浪漫爱情的迷思、"左派"社会学浸染下形成的"弱者"立场，以及对消费主义的批判。

当我一点点突破这些价值预设，更深入理解他们生活的世界，我渐渐发现，他们的机会和选择并不是绝对的，结构性的位置固然重要，但对个体的意涵并不是给定的，而是嵌入于他们复杂的生活世界。理解他们与他们的生活世界的关系才是解释特定选择的关键所在。

讲故事的爱与愁

2006 年 8 月，我结束了一年的调查，回到学校。之后又于2007 年暑期回到广州和宁波进行了两个月的跟踪调查。跟很多从田野回来的人一样，背着一电脑的素材却不知该如何下笔。

导师建议我先把最有触动、突破想象的内容写出来。我整理了几篇笔记，比如，性与包养关系——在包养关系里，性（更确切地说是"插入式"的性）并不是那么重要，相反，"情感劳动"更为关键；包养关系与向上流动——很多我调研的二奶并未能积累财富或实现向上流动，进入这种关系更像是维持原有的生活方式和社会圈子；二奶的内部差异——我调查的不同群体的二奶在生活方式、消费水平、与男人的关系、社会关系方面都各不相同；出轨的合法性——男人对自己的婚外情振振有词。

主线定不下来，还是一地鸡毛。论文大纲写了改，改了写，永远未完成，有一阵我甚至把研究问题给推翻了，觉得它们不能涵盖田野中最有意思的部分，而我的材料似乎也不能充分回答关于经济与亲密关系的理论问题。

找不同的老师谈，希望有所启发。有人对女性朋友圈子很感兴趣，有人关心城乡差异，有人觉得情感劳动有创意，有人提醒我要注意中国的婚姻制度，有人还追问关于生育的问题……老师们为我提供了很多菜单，可终究还是需要我来决定什么是我的菜。

最终我还是回到了最初的研究问题，但关注重点发生了变化，我将个体的亲密关系选择和经验嵌入于社会不平等、消费主义和欲望话语的社会结构和文化背景之中，讨论亲密关系如何成为人们实践"欲望"和获得"尊严"的重要方式——尽管"尊严"于不同群体往往有不同的意涵。比如，对打工妹而言，"尊严"意味着被当作有血有肉的人，免于"异化"的生活；在都市女性中，"尊严"则更多指向参与群体生活、获得社会归属。这变成了我论文的浓墨重彩。与此同时，我也继续尝试描绘在"情感商品化"的大潮里，人们如何去重新界定亲密关系的特殊意义。

纠结的不光是"写什么"，还有"怎么写"。事实上，对于质性研究而言，"怎么写"就决定了"写什么"。在基本形式上，我没有太多犹疑，选择了案例——比较散漫的、"讲故事"的方式。在美国，由博士学位论文改成的书是很多人获得终身教职的重要成果，号称 tenure book。不少老师和高年级的同学很早就告诫我，要把博士学位论文当作书的初稿来写，注重可读性。

更重要的是：我想写故事。传统的、结构清晰的"论点主导，材料佐证"的写法，无法安放我的研究对象有血有肉的生命和他们对"扁平化"的拒绝，我希望他们成为我论文的主角，而不只是我的观点的佐证。

Arlie Hochschild 语重心长地告诉我，不要向别人灌输你的观点，让他们自己体会到（Don't tell people what you want to say, make them feel it）。看她的书就有一种身临其境的感觉，娓娓道来而发人深思，这是对研究对象的尊重，也是对读者的信任。这样的写法对写作能力要求很高——毕竟像 Arlie 那样能兼跨专业大奖和纽约时报年度书籍的作者凤毛麟角，更何况英语不是我的母语。但美妙的阅读感受是一种召唤，让我不自量力地想尝试。

然而，案例怎么写，哪些材料纳入，哪些舍弃？如何写出现场感？在博士学位论文中，我选择每一章用一个或几个案例来呈现核心观点。观点的清晰、逻辑的严密与经验材料本身的复杂无序如何协调？观点求新又如何不歪曲了材料本身？这些都成为在写作过程中反复困扰我的问题。

我的论文里有一章写打工妹，强调她们进入包养关系是出于"情感考量"而非"经济因素"，以此区别将包养关系视为"钱色交易"的寻常认知。Barrie Thorne 在看完章节草稿后，就尖锐地指出，"经济因素"真的不重要吗？"情感"与"经济"是不是那么截然相对的、非此即彼的关系？这敦促我反思是否为了呈现"出人意料"的论点，人为地将一些"经济"与"情感"对立起来，不仅论证不够严密，也扭曲了材料本身。Barrie 尤其强调"情境化"的、细致精妙的分析，经常指出我在对经验材料进行抽象概括时"用力过度"，掩盖了材料本身的复杂性与多样性。

在修改打磨的过程中，我也越发认识到要讲好故事依赖的是理论功底和生命的厚度，深切体会了一把作为理论学渣的痛苦。尽管"临时抱佛脚"去啃了一些书，但没法融会贯通于我的论文，常有一种没说透、不到位的遗憾和愧疚。

我羡慕有些人日书千字，下笔有神。于我，写博士学位论文是一个熬的过程，耗的不仅是智力，还有精气神。我窝在家里，每天看着太阳从卧室挪到客厅，再从厨房窗户外落下去，而电脑上还是只有那几行字。加州的阳光越明媚，生命虚度的惆怅就越强烈。我坚持每天做饭，和友人一起跑步、聊天，定期调整一下房间的布局，用生活的丰盈琐碎去填补论文写作在我身上蛀出的一个个孔洞。

我也陆续参加了几个写作小组，最主要的是两个。一个是做中国研究的博士学位论文写作小组，由政治学、社会学、人类学系里做中国研究的七八个博士候选人组成，大约两周聚一次，轮流讨论小组成员的论文章节。大家的选题五花八门，有研究环保组织、棉纺织业、电力行业的，也有研究少数民族地区旅游和孤儿院的。

参加中国研究小组开阔了我的视野，让我从码字中抽身出来，看看外面的世界。更重要的是，"同伴压力"构成了我写作论文的现实推动力，因为一学期需要分享两三次，小组成员又不是太熟，我必须完成比较像样的两三章，以免被人笑话。

另一个小组是性别研究，由四五个社会学系的同学组成，大家关注的国家和具体议题不同，年级也有差别，但因为研究领域相近，给的反馈往往更有针对性。性别研究小组是我获得同行意见的起点，一般我在这个小组分享论文章节初稿，得到反馈后修改完毕再发给导师。这两个小组，救我于迷茫、混乱和拖延症，使我终于将论文完成。

参考文献

爱弥尔·涂尔干，2002，《社会学与哲学》，梁栋译，上海人民出版社。

安东尼·吉登斯，2001，《亲密关系的变革：现代社会中的性、爱和爱欲》，陈永国、汪民安等译，社会科学文献出版社。

安东尼·吉登斯，2009，《社会学》，李康译，北京大学出版社。

查尔斯·泰勒，2005，《承认的政治》，董之林、陈燕谷译，《文化与公共性》，汪晖、陈燕谷主编，三联书店。

陈汉初，2004，《潮俗丛谭》，汕头大学出版社。

陈鹏，1990，《中国婚姻史稿》，中华书局。

陈映芳，2005，《"农民工"：制度安排与身份认同》，《社会学研究》第3期。

程新宇，2015，《关于人的尊严之争论现状及其原因》，《华中科技大学学报》（社会科学版）第6期。

程郁，2006，《清至民国蓄妾习俗之变迁》，上海古籍出版社。

丁瑜，2016，《她身之欲：珠三角流动人口社群特殊职业研究》，社会科学文献出版社。

凡勃伦，2009，《有闲阶级论：关于制度的经济研究》，蔡受百译，商务印书馆。

费孝通，1998，《乡土中国生育制度》，北京大学出版社。

冯尔康，2005，《18世纪以来中国家族的现代转向》，上海人民出版社。

何东霞、易顺、李彬联、郭维，2014，《宗族制度、关系网络与经济发展——潮汕地区经济落后的文化原因研究》，《华南师范大学学报》（社会科学版）第2期。

何明洁，2009，《劳动与姐妹分化："和记"生产政体个案研究》，《社会学研究》第2期。

何绍辉，2010，《社会排斥视野下的农村青年婚配难解读——来自辽东南东村光棍现象的调查与思考》，《南方人口》第4期。

胡武贤、游艳玲、罗天莹，2010，《珠三角农民工同乡聚居及其生成机制分析》，《华南师范大学学报》（社会科学版）第1期。

黄少宽、黄晔，2007，《性别偏好研究——潮汕地区一个村落的实地调查》，《南方人口》第4期。

黄挺，2008，《潮商文化》，华文出版社。

黄挺，2015，《十六世纪以来潮汕的宗族与社会》，暨南大学出版社。

黄盈盈、潘绥铭，2003，《中国东北地区劳动力市场中的女性性工作者》，《社会学研究》第3期。

蓝佩嘉，2014，《做父母、做阶级：亲职叙事、教养实作与阶级不平等》，《台湾社会学》第27期。

雷金庆，2012，《男性特质论：中国的社会与性别》，刘婷译，江苏人民出版社。

李强，2004，《中国社会分层结构的新变化》，李培林、李强、孙立平等主编，《中国社会分层》，社会科学文献出版社。

李荣荣，2017，《伦理探究：道德人类学的反思》，《社会学评论》第 5 期。

李霞，2010，《娘家与婆家：华北农村妇女的生活空间和后台权力》，社会科学文献出版社。

李佐军，2000，《中国的根本问题：九亿农民何处去》，中国发展出版社。

刘文菊、林秀玲，2014，《关于当代潮汕女性婚姻家庭地位的调查研究》，《山东女子学院学报》第 5 期。

陆学艺，2002，《当代中国社会十大阶层分析》，《学习与实践》第 3 期。

陆学艺，2010，《中国社会阶级阶层结构变迁 60 年》，《北京工业大学学报》（社会科学版）第 3 期。

罗丽莎，2006，《另类的现代性：改革开放时代中国性别化的渴望》，黄新译，江苏人民出版社。

马春华、石金群、李银河、王震宇、唐灿，2011，《中国城市家庭变迁的趋势和最新发现》，《社会学研究》第 2 期。

米歇尔·福柯，2002，《性经验史》，佘碧平译，上海世纪出版集团。

潘绥铭，1999，《存在与荒谬：中国地下"性产业"考察》，群言出版社。

潘绥铭、黄盈盈，2013，《性之变：21 世纪中国人的性生活》，中国人民大学出版社。

潘毅，2005，《阶级的失语与发声——中国打工妹研究的一种理论视角》，《开放时代》第 2 期。

潘泽泉，2007，《社会网排斥与发展困境：基于流动农民工的经验研究——一项弱势群体能否共享社会发展成果问题的研究》，《浙江社会科学》第 2 期。

裴谕新，2013，《欲望都市：上海 70 后女性研究》，上海人民出版社。

宋少鹏，2011，《"回家"还是"被回家"？——市场化过程中"妇女回家"讨论与中国社会意识形态转型》，《妇女研究论丛》第 4 期。

孙立平，2004，《转型与断裂——改革以来中国社会结构的变迁》，清华大学出版社。

谭深，1997，《农村劳动力流动的性别差异》，《社会学研究》第 1 期。

谭深，2005，《外出和回乡：农村流动女性的经历》，《农村·农业·农民》第 10 期。

涂俏，2004，《苦婚："卧底女侠"60 天隐性采访实录》，作家出版社。

王春光，2001，《新生代农村流动人口的社会认同与城乡融合的关系》，《社会学研究》第 3 期。

王宁，2012，《消费欲的"符号刺激"与消费力的"结构抑制"——中国城市普通居民消费张力的根源与后果》，《广东社会科学》第 3 期。

王文科，2007，《潮商的文化特质与取向选择》，《韩山师范学院学报》第 5 期。

王跃生，2010，《个体家庭、网络家庭和亲属圈家庭分析——历史与现实相结合的视角》，《开放时代》第 4 期。

王政，1997，《"女性意识"、"社会性别意识"辨异》，《妇女研究论丛》第 1 期。

吴重庆，2014，《孙村的路：后革命时代的人鬼神》，法律出版社。

吴琦幸，2013，《纪然冰命案二十年》，世界图书出版公司。

吴小英，2009，《市场化背景下性别话语的转型》，《中国社会科学》第 2 期。

吴小英，2012，《公共政策中的家庭定位》，《学术研究》第 9 期。

徐安琪，2000，《择偶标准：五十年变迁及其原因分析》，《社会学研究》第 6 期。

阎云翔，2009，《私人生活的变革：一个中国村庄里的爱情、家庭与亲密关系 1949～1999》，龚小夏译，上海书店出版社。

阎云翔、郎帅，2016，《当代中国的道德转型》，《中国战略报告》第 1 期。

阎云翔，2017，《因为欲望，我们再无可能倒退回传统道德伦理》，《界面文化》阎云翔专访，http://www.sohu.com/a/148447552_99897611。

伊沛霞，2010，《内闱：宋代妇女的婚姻和生活》，胡志宏译，江苏人民出版社。

余晓敏、潘毅，2008，《消费社会与"新生代打工妹"主体性再造》，《社会学研究》第 3 期。

张春泥、谢宇，2013，《同乡的力量：同乡聚集对农民工工资收入的影响》，《社会》第 1 期。

张慧，2016，《羡慕嫉妒恨：一个关于财富观的人类学研究》，社会科学文献出版社。

周大鸣，2006，《凤凰村的变迁》，社会科学文献出版社。

庄孔韶，2000，《银翅——中国的地方社会与文化变迁》，三联书店。

左际平、蒋永萍，2009，《社会转型中城镇妇女的工作和家庭》，当代中国出版社。

Barber, Kristen. 2008. "The well-coiffed man: Class, race and heterosexual masculinity in hair salon." *Gender & Society*, 22 (4): 455 – 476.

Barlow, Tani E. 1994. "Politics and protocols of funu: (Un) making national woman." In *Engendering China: Women, culture and the state*, Edited by Christina K. Gilmartin, Gail Hershatter, Lisa Rofel, and Tyrene White, Cambridge: Harvard University Press.

Barlow, Tani E. 1994. "Theorizing woman: Funii, guojia, jiating (Chinese woman, Chinese state, Chinese family)." In *Body, subject, and power in China*, edited by Angela Zito and Tani E. Barlow, University of Chicago Press: 253 – 289.

Benedict, Ruth. 1934. "Anthropology and the abnormal." *Journal of General Psychology*, 10 (1): 59 – 82.

Bettie, Julie. 2000. "Women without class: Chicas, Cholas, trash and the presence/absence of class identity." *Signs Journal of Women in Culture & Society*, 26 (1): 1 – 35.

Beynon, Louise. 2004. "Dilemmas of the heart: Rural working women and their hopes for the future." *On the move: Women and rural – to – urban migration in contemporary China*, edited by Gaetano Arianne M. , Jacka Tamara, New York: Columbia University Press.

Bordo, Susan. 2003. *Unbearable weight: Feminism, western culture, and the body*, Berkeley, Los Angeles, and London:

University of California Press.

Chan, Kam Wing. 1994. *Cities with invisible walls: Reinterpreting urbanization in post - 1949 China*, Oxford: Oxford University Press.

Collier, Jane Fishburne. 1997. *From duty to desire: Remaking families in a Spanish village*, Princeton: Princeton University Press.

Comaroff, John L. , and Roberts, Simon. 1981. *Rules and processes: The cultural logic of dispute in an African context*, Chicago: University of Chicago Press.

Farrer, James. 2002. *Opening up: Youth sex culture and market reform in Shanghai*, Chicago: University of Chicago Press.

Farrer, James, and Sun, Zhongxin. 2003. "Extramarital love in Shanghai. " *The China Journal*, 50: 1 - 36.

Fassin, Didier. 2014. " The Ethicalturn in anthropology: Promises and uncertainties. " *Hau: Journal of Ethnographic Theory*, 4 (1): 429 - 435.

Faubion, James D. 2011. *An anthropology of ethics*, New York: Cambridge University Press.

Faubion, James D. 2001. " Towardan anthropology of ethics: Foucault and the pedagogies of autopoiesis. " *Representations*, 74 (1): 83 - 104.

Fitzgerald, Tina Katherine. 1999. "Who marries whom? Attitudes and Behavior in marital partner selection. " *dissertation in Sociology*, University of Colorado, Boulder.

Foucault, Michel. 2000. *Ethics: Subjectivity and truth: Essential works of Michel Foucault 1954 - 1984*, Edited by Paul Rabinow, Translated by Robert Hurley and others, London: Penguin Books.

Graeme Lang. , and Josephine Smart. 2002. "Migration and the 'second wife' in South China: Toward cross – border polygyny. " *International Migration Review*, 36 (2) : 546 – 569.

Hanser, Amy. 2004. "Made in the PRC: Consumers in China. " *Contexts*, 3 (1): 13 – 19.

Hanser, Amy. 2005. "The gendered rice bowl: The sexual politics of service work in urban China. " *Gender & Society*, 19 (5): 581 – 600.

Hanser, Amy. 2006. "Sales floor trajectories: Distinction and service in postsocialist China. " *Ethnography*, 7 (4): 461 – 491.

Hoang, Kimberly Kay. 2015. *Dealing in desire: Asian ascendancy, Western decline, and the hidden currencies of global sex work*, Berkeley: University of California Press.

Hochschild, Arlie Russell. 1983. *The managed heart: Commercialization of human feeling*, Berkeley: University of California Press.

Hochschild, Arlie Russell, with Anne Machung. 1989. *The second shift: Working parents and the revolution at home*, New York: Viking Penguin.

Hoffman, Lisa Mae. 2000. "The art of becoming an urban professional: The state, gender, and subject formation in late – socialist China. " *PhD dissertation in Anthropology*, University of California, Berkeley.

Illouz, Eva. 1997. *Consuming the romantic utopia: Love and the cultural contradictions of capitalism*, Berkeley : University of California Press.

Jacka, Tamara, and Gaetano, Arianne M. 2004. "Introduction:

Focusing on migrant women. " *On the move*: *Women in rural – to – urban migration in contemporary China*, edited by Jacka Tamara, Gaetano Arianne M. , New York: Columbia University Press.

Jacka, Tamara. 2006. *Rural women in urban China*: *Gender*, *migration*, *and social change*, Armonk & London: M. E. Sharpe.

Keane, Webb. 2010. "Minds, surfaces, and reasons in the anthropology of ethics. " In *Ordinary ethics*: *Anthropology*, *language*, *and action*, Edited by Michael Lambek, New York: Fordham University Press, 64 – 83.

Keane, Webb. 2016. *Ethical life*: *Its natural and social history*, Princeton: Princeton University Press.

Laidlaw, James. 1995. *Riches and renunciation*: *Religion*, *economy*, *and society among the Jains*, New York: Oxford University Press.

Laidlaw, James. 2014. *The subject of virtue*: *An anthropology of ethics and freedom*, New York: Cambridge University Press.

Lambek, Michael. 2010a. "Introduction. " In *Ordinary ethics*: *Anthropology*, *language*, *and action*, Edited by Michael Lambek, New York: Fordham University Press, 1 – 36.

Lambek, Michael. 2010b. "Toward an ethics of act. " In *Ordinary ethics*: *Anthropology*, *language*, *and action*, Edited by Michael Lambek, New York: Fordham University Press, 39 – 63.

Lamont, Michele. 1992. *Money, morals and manners*: *The culture of the French and the American upper – middle class*, The University of Chicago Press.

Lamont, Michele. 2002. *The dignity of working men*: *Morality and the boundaries of race, class, and immigration*, Harvard

University Press.

Lan, Pei Chia. 2003. "Working in a neon cage: 'Bodily labor' of cosmetics saleswomen in Taiwan. " *Feminist Studies*, 29 (1): 1 - 25.

Lee, Ching Kwan. 1998. *Gender and the south China miracle: Two worlds of factory women*, Berkeley: University of California Press.

Lee, Ching Kwan. 1999. " From organized dependence to disorganized despotism: Changing labor regimes in Chinese factories. " *The China Quarterly*, 157 (March): 44 - 71.

Lee, Ching Kwan. 2000. "The ' revenge of history' : Collective memories and labor protests in Northeastern China. " *Ethnography*, 1 (2): 217 - 237.

Ma, Josephine. 2002. " Ruralcash crunch taxes reformers. " *South China Morning Post*.

Mattingly, Cheryl. 2012. "Two virtue ethics and the anthropology of morality. " *Anthropological Theory*, 12 (2): 161 - 184

Miller, Daniel. 1998. *A theory of shopping*, Ithaca: Cornell University Press.

Osburg, John. 2013. *Anxious Wealth: Money and Morality Among China's New Rich*, Stanford: Stanford University Press.

Otis, Eileen M. 2008. " Beyond the Industrial Paradigm: Market-Embedded Labor and the Gender Organization of Global Service Work in China. " *American Sociological Review*, 73 (1): 15 - 36.

Pugh, Allison J. 2009. *Longing and belonging: parents, children, and consumer culture*, Berkeley, Los Angeles, London: University of California Press.

Pun, Ngai. 2003. "Subsumption or consumption? The phantom of consumer revolution in 'globalizing' China. " *Cultural Anthropology*, 18 (4), 469 – 492.

Pun, Ngai. 2005. *Made in China: Women factory workers in a global workplace*, Durham: Duke University Press.

Robbins, Joel. 2004. *Becoming sinners: Christianity and moral torment in a Papua New Guinea Society*, University of California Press.

Rofel, Lisa. 1999. *Other modernities: Gendered yearnings in China after socialism*, Berkeley: University of California Press.

Rofel, Lisa. 2007. *Desiring China: Experiments in neoliberalism, sexuality, and public culture*, Durham: Duke University Press.

Schein, Louisa. 2001. "Urbanity, cosmopolitanism, consumption. " In *China urban: Ethnographies of contemporary culture*, edited by Nancy N. Chen, Constance D. Clark, Suzanne Z. Gottschang and Lyn Jeffery, Durham & London: Duke University Press, 165 – 182.

Shen, Hsiu – hua. 2005. "'The first Taiwanese wives' and 'the Chinese mistresses': The international division of labor in familial and intimate relations across the Taiwan strait. " *Global Networks*, 5 (4): 419 – 437.

Simmel, Georg. 1950. "The metropolis and mental Life. " In *The sociology of Georg Simmel*, edited by Wolff Kurt H. , Glencoe: Free Press.

Solinger, Dorothy J. 1999. *Contesting citizenship in urban China: Peasant migrants, the state, and the logic of the market*, Berkeley: University of California Press.

Solinger, Dorothy J. 2004. "The new crowd of the dispossessed: The shift of the urban proletariat from master to mendicant. " In *State and society in 21st century China: Crisis, contention, and legitimation*, edited by Peter Hays Gries and Sta Rosen, New York: Rutledge Curzon.

Swidler, Ann. 1980. "Love and adulthood in American culture." In *Themes of work and love in adulthood*, edited by Smelser N. , Erikson E. , Cambridge: Harvard University Press.

Tam, Maria Siumi. 1996. "Normalization of 'second wives': Gender contestation in Hong Kong. " *Asian Journal of Womens Studies*, 2 (1): 113 – 132.

Tam, Maria Siumi. 2001. "Constructing wives and mistresses: Polygyny across the Hong Kong – China border. " In Annual meeting of the Association for Asian Studies, Chicago.

Tam, Maria Siumi. 2005. "We – women and they – women: Imagining mistresses across the Hong Kong – China border. " In *Rethinking and recasting citizenship: Social exclusion and marginality in Chinese societies*, edited by May Tam, Ku Hok – bun, and Travis Kong, Hong Kong: Centre for Social Policy Studies, Hong Kong Polytechnic University.

Taylor, Gabriele. 1994. "Gossip as moral talk. " In *Good gossip*, edited by Goodman Robert F. , Ze 'Ev Aaron Ben, Lawrence: University Press of Kansas.

Thai, Hung Cam. 2008. *For better or for worse: Vietnamese International Marriages in the New Global Economy*, New Brunswick, New Jersey, and London: Rutgers University Press.

Tsang, A. Ka Tat. , and Ho, P. Sik Ying. 2007. "Lost in translation: Sex and sexuality in elite discourse and everyday *language.* " *Sexualities*, 10 (5), 623 – 644.

Wang, Gan. 1999. "Cultivating friendship through bowling in Shenzhen." In *The consumer revolution in urban China*, edited by Deborah S. Davis, Berkeley: University of California Press, 250 – 267.

Wang, Jing. 2005. "Bourgeois bohemians in China? Neo – tribes and the urban imaginary. " *China Quarterly*, 532 – 548.

Wank, David. 2000. "Cigarettes and domination in Chinese business networks: Institutional change during the market transition. " In *The consumer revolution in urban China*, edited by Deborah S. Davis, Berkeley, Los Angeles & London: University of California Press.

Ward, Jane. 2010. "Genderlabor: Transmen, femmes, and collective work of transgression. " *Sexualities*, 13 (2): 236 – 254.

West, Candace and Sarah Fenstermaker. 1995. "Doing difference. " *Gender & Society*, 9: 8 – 37.

Williams, Bernard. 1986. *Ethics and the limits of philosophy*, Cambridge: Harvard University Press.

Yan, Hairong. 2003. *"Spectralization of the rural: Reinterpreting the labor mobility of rural young women in post – Mao China. "* American Ethnologist, 30 (4): 578 – 596.

Yan, Yunxiang. 2000. *" Of hamburger and social space: Consuming McDonald's in Beijing. " In* The consumer revolution in urban China, *edited by Deborah S. Davis, Berkeley, Los Angeles & London: University of California Press.*

Yan, Yunxiang. 2003. Private life under socialism: Love, intimacy, and family change in a Chinese village 1949 – 1999, *Stanford: Stanford*

University Press.

Yan, Yunxiang. 2017. *Doing personhood in Chinese culture: The desiring individual, moralist self and relational person.* The Cambridge Journal of Anthropology, 35 (2): 1 – 17.

Yang, Jie. 2010. " *The crisis of masculinity: Class, gender, and kindly power in post – Mao China.* " American Ethnologist.

Zelizer, Viviana A. 2007. *The purchase of intimacy,* Princeton: Princeton University Press.

Zhang, Everett Yuehong. 2001. " Goudui and the state: Constructing entrepreneurial masculinity in two cosmopolitan areas of post – socialist China. " In *Gendered modernities,* edited by EBDL Hodgson, New York: Palgrave Macmillan.

Zhang, Everett Yuehong. 2007. " The birth of nanke (Men's Medicine) in China: The making of the subject of desire. " *American Ethnologist,* 34 (3): 491 – 508.

Zhang, Li. 2001. *Strangers in the city: Reconfigurations of space, power, and social networks within China's floating population,* Stanford: Stanford University Press.

Zheng Tiantian. 2006. " Cool masculinity: Male clients' sex consumption and business alliance in urban China's sex industry. " *Journal of Contemporary China,* 46 (15), 161 – 182.

Zheng Tiantian. 2009. *Red lights: The lives of sex workers in postsocialist China,* University of Minnesota Press.

Zigon, Jarrett. 2007. " Moral breakdown and the ethical demand: A theoretical framework for an anthropology of moralities. " *Anthropological Theory,* 7 (2): 131 – 150.

Zigon, Jarrett. 2008. *Morality*: *An anthropological perspective*, Oxford: Berg.

Zigon, Jarrett. 2010. *Making the new post – Soviet person*: *Moral experience in contemporary Moscow*, Leiden: Brill.

后　记

　　粤军是我大学同学，潮汕姑娘，说话轻声细语，语速却不慢。本科时她住我隔壁宿舍，交道却不多。但 2005～2006 年在广州惊慌失措、焦头烂额的日子里，她的家是我蹭吃蹭喝、最温暖的地方。

　　一日与她闲聊，她说她想去中山大学念书，她的理想一直是到高校教书。我不解地问她当初为何主动放弃了保研资格，她笑意盈盈、不紧不慢地说本科毕业时，弟弟刚好考上大学，她就选择了到广州的报社工作，负担起弟弟的学费和生活费。现在弟弟毕业找到工作了，自己也结婚买了房子，把父母接过来一起住。她终于可以认真考虑去念个博士了。

　　从粤军家回来的路上，我回想着她眼里闪烁着憧憬的光芒，感叹命运弄人：我这个原本打算毕业就当记者的鬼使神差地去读了博士，而真正想读博士的她却在报社打工。我也意识到自己原来是被眷顾的，可以随心所欲地"做自己"。生长在经济发达的江浙城市，父母虽是普通职员，但收入稳定。作为家里的独生女，我大三那年突发奇想要出国念书，上新东方、考 GRE 托福、交申请费，就那么"理所当然"地有梦就去追。

从那个时候起，我隐约希望自己能对得起获得的这些机会。当然，谈何容易？读博期间我多次打过退堂鼓，要是没有在伯克利的导师们的包容与支持，我一定会做个逃兵。

Barrie Thorne 是天生的导师。她打开各种空间让我去自主地探索，给我足够多的支持和指引，善意提醒我的论文进程，热心提供各种文献，细致地帮我修订提交的每份文档，并在我钻牛角尖的时候一针见血地指出。她为我取得的每一次实质性进步感到高兴，也让我慢慢体会美式夸奖和真实欣赏之间的差别。

Arlie Hochschild 是我的指路明灯。正是她的书让我感受到了社会学的召唤，让我有兴趣、有热情进行学术研究。每次跟她聊完，我都有一种任督二脉在被打通的感觉，而我的学术品位、旨趣也在这一次次的对话、聊天、阅读中慢慢建立起来，形塑了我对情感的关注，对讲故事的着迷和对情境化分析的认同。我会永远记得她说：Carry the torch on！（薪火相传！）

Marion Fourcade 为我打开了学术的视野。Marion 能教社会学理论、经济社会学、文化社会学、政治社会学等几乎所有社会学的课程。她坦言自己对性别研究最不熟悉，是她的知识盲点，但这并不妨碍她对我的指导。作为年轻学者，她带给我新的理论源泉，也给了我很多实际的建议。在我没信心到不敢投出求职简历时，她告诉我，Self-exclusion is the first step of discrimination（自我排斥是歧视的开始）。

地理系的邢幼田老师，是我导师组里的中国研究专家。她邀请我去她的课上分享我的研究，以这样的方式肯定我研究的意义。我也记得给她做助教，看到学生跟我"申诉"给分时，她把我叫到一边，告诉我亚裔女性作为教员的困境，叮嘱我要坚定！

感谢 Michael Burawoy、Raka Ray、Eileen Otis、Miliann Kang、Amy Hanser、任焰、沈秀华、李柯等学者在我研究和写作过程中给出的意见与建议。也庆幸能与 Leslie Wang、Kimberly Hoang、Julia Chuang、Jennifer Chiu、Rachel Stern、蔡中民等学友一起组建论文写作小组，他们给我启发、批评和帮助。

如果没有粤军、陈波、红梅、爬山小组以及静骥、张蕾等朋友的关心、支持与帮助，我也许难以完成在广州和宁波的调研工作；也谢谢晓靖、姚瑶、颜畅、陆征、郭静、建君、秀英、宗仕、映泉、刘岩、中民、致贤、晏霖、文楠、荣斌等一起在湾区的朋友们。他们的睿智、幽默和家人般的照顾，把八年寒窗变为一段令人无比怀念的时光。

这本书"重生"于回国以后。

吴小英老师持续的鼓励与中肯的意见，给予我最大的动力和支持，让我在无限的拖延中完成书稿。她将直率与宽容、理想主义与现实意识有机地组合起来。与她无数次的交流，让我认真思考作为海外受训的年轻学者如何与本土社会学的关照相衔接。她帮助我认识到我的研究在中国学术语境里的意义，也让我真切意识到自身诸多的局限与不足。同时，也深深感谢佟新、冯小双、谭深、唐灿、金一虹、计迎春、李荣荣、董一格、谭同学等诸多师友给我的帮助与建议。

最亲爱的读书会的女博士们："牧领"盈盈、"女神"立里、"最佳净友"文楠、叫人"羡慕嫉妒恨"的张慧、让人如沐春风的浩群、总能找到有趣故事的春艳、全能的晓星……感谢你们提供的每一篇文献、提出的每一句意见、分享的每一段经验、倾听的每一段吐槽。你们带来了学术共同体的激励与温暖，也带来了生活的热情与智慧，给我犹疑时坚持的力量，希望能够一直和你们一起站在"边缘"看世界。

回国以后，我先后在北京师范大学社会发展与公共政策学院和北京师范大学中国社会管理研究院/社会学院工作，感谢两个学院领导和同事的关心与支持。特别感谢胡晓江、王曦影、萨支红、Pierre Miege 等同事对书稿章节提出专业的意见，以及高颖、王新松、陈彬莉、巴战龙、韩俊魁等同事提供"饭友"的友谊。感谢研究生伍琼为书稿进行认真仔细的校对与修订。感谢社会科学文献出版社，尤其是谢蕊芬、赵娜两位编辑在出版过程中给予的无私帮助和无限耐心。

我生长在一个大家庭，从小在外公外婆的叮嘱、阿姨舅舅的说笑、表弟表妹的玩闹中长大。小时候躲在我身后的表妹吴轶，长大后却成了我的"救命稻草"。在我的调研举步维艰之时，她陪我去了广州，带我打开局面，帮我完成调研。我的阿姨舅舅也不遗余力地帮我打听，寻找研究对象。我的父亲肖吉康、母亲朱伟珍都是退休的银行员工。他们大概从未料想我会念博士，走上学术研究的道路；更未料想我会选择婚外包养作为博士学位论文的题目，还把它写成了一本书。从我记事起，尽管有时头疼我"不听话"，但他们容许我自己拿主意，做自己喜欢的事情；尽管有时有点担心，但他们支持我的决定，倾其所能给予帮助。一手把我带大、含辛茹苦的外婆，我把这本书献给她，告慰她的在天之灵。

感谢我的先生郝永强一路的陪伴与共同成长。感谢他朴素的性别平等主义，分担家务与育儿；感谢他的温和、坚定与不卑不亢；感谢他的玩笑、争吵与温柔以待。

最后，我由衷地感谢我书中的主人公以及那些未被写入书中但接受我的访谈、容许我混在他们身边的人们。没有他们，就没有这本书。感谢他们的信任、包容和分享，善待我的无知、唐突和木讷。这几个月的相处，对我而言不仅是搜集资料，完成调查，更重要的是更新了我对世界和对自我的理解，开始学习成为一名真正的、接地气的田野工作者。我无以回报他们对我的信任和帮助，也无法在本书中以实名感谢他们。也许他们不见得同意我在书中所说的每一句话，但是我把他们恢复成有血有肉的努力，希望能让他们感到真实而欣慰。

2017 年 7 月底，我回燕园参加入学 20 周年纪念活动。在一群套着 20 周年文化衫、为生活奔波而不免疲倦的中年人里，我见到了阔别十年的粤军。她身着旗袍，梳着精致的波波头，容光焕发、笑意盈盈，比印象里添了不少风韵。闲聊中，她谈到这些年她都在报社做艺术鉴赏的栏目，甚有兴致，最近有可能进入研究所从事美术研究工作。说这些时，她温柔坚定，眼里依旧闪烁着十多年前的光芒。我没有追问她后来有没有去念博士，只是衷心地为她高兴，并深深地为她祝福。

肖索未

2018 年 8 月于宁波

图书在版编目（CIP）数据

欲望与尊严：转型期中国的阶层、性别与亲密关系／
肖索未著 . -- 北京：社会科学文献出版社，2018.10（2024.2 重印）
ISBN 978 - 7 - 5201 - 3281 - 7

Ⅰ．①欲…　Ⅱ．①肖…　Ⅲ．①婚姻问题 - 研究 - 中国
Ⅳ．①D669.1

中国版本图书馆 CIP 数据核字（2018）第 185785 号

欲望与尊严：转型期中国的阶层、性别与亲密关系

著　　者／肖索未

出 版 人／冀祥德
项目统筹／童根兴　谢蕊芬
责任编辑／赵　娜
责任印制／王京美

出　　版／社会科学文献出版社·群学出版分社（010）59367002
　　　　　地址：北京市北三环中路甲 29 号院华龙大厦　邮编：100029
　　　　　网址：www. ssap. com. cn
发　　行／社会科学文献出版社（010）59367028
印　　装／三河市尚艺印装有限公司

规　　格／开本：787mm × 1092mm　1/16
　　　　　印　张：14.25　字　数：170 千字
版　　次／2018 年 10 月第 1 版　2024 年 2 月第 14 次印刷
书　　号／ISBN 978 - 7 - 5201 - 3281 - 7
定　　价／69.00 元

读者服务电话：4008918866